① 名　詞 ①

JN092819

1 次の英語の意味を右から選び，記号を書きなさい。(4点×5)

(1) weather [　　]
(2) point [　　]
(3) earthquake [　　]
(4) friendship [　　]
(5) mountain [　　]

ア	山	イ	趣味
ウ	地面	エ	地震
オ	会館	カ	天気
キ	要点	ク	友情
ケ	景色	コ	町

2 次の日本語の意味を表す英語を右から選び，記号を書きなさい。(4点×5)

(1) 計画 [　　]
(2) 花 [　　]
(3) せんす [　　]
(4) 部分 [　　]
(5) 誕生日 [　　]

ア	fan	イ	man
ウ	part	エ	housework
オ	flower	カ	birthday
キ	test	ク	plan
ケ	aunt	コ	example

3 次の日本語を英語にしなさい。ただし，指定された文字で始めること。
(6点×6)

(1) 紙　　　　　p ....
(2) 店　　　　　s ....
(3) テーブル　　t ....
(4) 庭　　　　　g ....
(5) ライオン　　l ....
(6) 制服　　　　u ....

4 次の日本文に合うように，.......... に適切な語を下から選んで書きなさい。
(8点×3)

(1) 父は毎朝，新聞を読みます。

My father reads a .... every morning.

(2) ポールは医者になりたいです。

Paul wants to be a ....

(3) 私の兄は歴史が好きです。

My brother likes ....

〔 country, doctor, history, newspaper, magazine, word 〕

動　詞 ①

1 次の英語の意味を右から選び，記号を書きなさい。(5点×4)

(1) forget 　[　　　]
(2) leave 　[　　　]
(3) walk 　[　　　]
(4) keep 　[　　　]

ア　歩く	イ　来る
ウ　(〜を)去る,出発する	エ　(〜を)保つ
オ　(〜を)忘れる	カ　働く
キ　住む	ク　(〜を)読む

2 次の日本語を英語にしなさい。ただし，指定された文字で始めること。
(7点×6)

(1) (〜の)味がする　t ....
(2) (〜に)電話をする　c ....
(3) 広がる　s ....
(4) 笑う　l ....
(5) (〜が)聞こえる　h ....
(6) (〜を)打つ　h ....

3 次の各組の英文の下線部の語を，意味の違いがわかるように日本語にしなさい。
(10点×2)

(1) He takes a bus at seven thirty every morning.
　彼は毎朝 7 時半にバスに [　　　　　　　　　　　　　　　]。
　He sometimes takes his son to the park.
　彼は息子をときどき公園に [　　　　　　　　　　　　　　　]。

(2) He got to Tokyo Station two hours ago.
　彼は 2 時間前，東京駅に [　　　　　　　　　　　　　　　]。
　He got well soon.
　彼は間もなく元気に [　　　　　　　　　　　　]。

4 次の日本文に合うように，( )内から適切な語を〇で囲みなさい。(9点×2)

(1) 彼は 3 時半に京都駅に着きました。
　He (arrived,　got,　reached) at Kyoto Station at three thirty.
(2) 私たちは明日，彼女にその理由を話すつもりです。
　We'll (say,　speak,　tell) her the reason tomorrow.

③ 形容詞 ①

1 次の英語の意味を右から選び，記号を書きなさい。(5点×5)

(1) amazing ［　　］

(2) famous ［　　］

(3) international ［　　］

(4) strong ［　　］

(5) large ［　　］

ア	強い	イ	有名な
ウ	難しい	エ	もう一つの
オ	驚くべき	カ	曇りの
キ	大きい	ク	国際的な

2 次の日本語の意味を表す英語になるように，＿＿に正しい文字を入れなさい。ただし，指定された文字で始めること。(6点×6)

(1) 大好きな　f＿＿＿＿＿＿＿＿＿

(2) 高価な　e＿＿＿＿＿＿＿＿＿

(3) 役に立つ　u＿＿＿＿＿＿

(4) 疲れた　t＿＿＿＿＿＿

(5) 眠い　s＿＿＿＿＿＿

(6) 病気の　s＿＿＿＿

3 次の日本文に合うように，(　)内から適切な語を○で囲みなさい。(7点×3)

(1) 私たちは異なる意見を持っています。

　　We have a (different, difficult) opinion.

(2) 彼はそのとき，とてものどがかわいていました。

　　He was very (hungry, thirsty) then.

(3) 大きな声で話してくれませんか。

　　Will you speak in a (loud, cloudy) voice ?

4 次の下線部の語を日本語にし，日本文を完成しなさい。(6点×3)

(1) We watched an <u>exciting</u> game.

　　私たちは ［　　　　　　　　　　　］ 試合を見ました。

(2) Don't go to a <u>dangerous</u> place.

　　［　　　　　　　　　　　］ 場所に行ってはいけません。

(3) I saw a <u>strange</u> thing in the sky last night.

　　昨夜，空に ［　　　　　　　　　　　］ ものが見えました。

副　詞 ①

1 次の日本語の意味を表す英語を右から選び，　　に書きなさい。(6点×5)

(1) いつも　　　.......................................

(2) あとで　　　.......................................

(3) たぶん　　　.......................................

(4) まさに，ちょうど　　.......................................

(5) 簡単に　　　.......................................

often	sometimes
easily	always
later	now
usually	maybe
just	much

2 次の日本文に合うように，　　に適切な語を下から選んで書きなさい。(6点×5)

(1) スミスさんは大きな家に１人で住んでいます。

Mrs. Smith lives in a big house ....

(2) 父はほとんど毎日犬の散歩をします。

My father walks our dog .... every day.

(3) 妹はときどき音楽を聞きます。

My sister .... listens to music.

(4) 子どもでさえもそのルールを知っています。

.... a child knows the rule.

(5) ジム，静かに歩きなさい。　　Jim, walk ....
〔 almost, alone, before, sometimes, even, never, quietly 〕

3 次の下線部の語を日本語にし，日本文を完成しなさい。(10点×4)

(1) Suddenly the girl began to cry.
　　　　　　　　　　　　　　～し始めた
[　　　　　　　　　] その少女は泣き始めました。

(2) I want to study abroad.
　　　　～したい
私は [　　　　　　　　　] 勉強したいです。

(3) Finally, he opened the door.
[　　　　　　　　　]，彼はそのドアを開けました。

(4) Can you be my friend forever?
[　　　　　　　　　] 私の友だちでいてくれますか。

⑤ 名 詞 ②

1 次の日本語の意味を表す英語を右から選び，........ に書きなさい。(5点×5)

(1) エネルギー ....

(2) 浜辺 ....

(3) （飛行機の）便 ....

(4) 健康 ....

(5) 宝物 ....

thing	traffic
health	flight
energy	beach
treasure	flute

2 次の英語を日本語にしなさい。(5点×6)

(1) village [　　　　　] (2) race [　　　　　]

(3) belt [　　　　　] (4) university [　　　　　]

(5) everything [　　　　　] (6) garden [　　　　　]

3 次の下線部の語を日本語にし，日本文を完成しなさい。(5点×3)

(1) There is a small <u>museum</u> in my town.

私の町には小さな [　　　　　　　　　] があります。

(2) I have a bad <u>headache</u> now.

私は今，ひどい [　　　　　　　　　] がします。

(3) Do you know that he is a famous <u>scientist</u>?

彼が有名な [　　　　　　　　　] だということを知っていますか。

4 次の英文の .... にあてはまる語を下から選んで書きなさい。(6点×5)

My (1)..................... like reading books very much. There are a lot of books in my house. There is a big (2)..................... near my house. We often go there on (3)..................... and buy some books there. We also go to the (4)..................... to borrow some books. My father 借りる likes (5)..................... books, and my mother likes cooking books. My sister likes love stories, and I like history books. 歴史

〔 weekends, home, bookstore, travel, family, library 〕

6 動　詞 ②

合格点 **80** 点
得 点
点
解答 ➡ P.66

1 次の語と反対の意味を表す語を右から選んで，線でつなぎなさい。
(5点×5)

(1)	get ・	・ give
(2)	arrive ・	・ leave
(3)	disappear ・	・ lose
(4)	take ・	・ appear
(5)	come ・	・ go

2 次の日本語の意味を表す英語になるように， に正しい文字を入れなさい。ただし，指定された文字で始めること。(6点×4)

(1) （〜を）調べる　　c ....　　(2) （〜を）招待する　　i ....

(3) （〜を）登る　　　c ....　　(4) （〜を）救助する　　r ....

3 次の下線部の語を日本語にし，日本文を完成しなさい。(7点×3)

(1) It got dark outside.
外は暗く [　　　　　　　外では　　　　　　　]。

(2) I'm going to share these apples with him.
これらのりんごを彼と [　　　　　　　] つもりです。

(3) We decided to leave Hokkaido.
私たちは北海道を去ることを [　　　　　　　]。

4 次の英文の にあてはまる語を下から選んで書きなさい。必要があれば形をかえること。ただし，同じものは一度しか使えない。(6点×5)

It was very hot today. I (1) 　　　　　　 home at six, and (2) 　　　　　　
a bath. After that I began to (3) 　　　　　　 my homework. The
questions were very difficult, but I (4) 　　　　　　 all of them. After
studying, I played a video game. I (5) 　　　　　　 it very much.
〔enjoy, get, do, answer, take, want〕

7 代 名 詞 ①

1 次の日本語を英語にしなさい。(5点×9)

(1) 彼らを　　　　　.................................. 　　(2) 私たちのもの　　.................................

(3) それらは　　　　.................................. 　　(4) 彼らの　　　　　.................................

(5) 彼女らのもの　　.................................. 　　(6) 私たちを　　　　.................................

(7) あなたたちのもの.................................. 　　(8) そ(れ)の　　　　.................................

(9) 私のもの　　　　..................................

2 次の英文の下線部を1語の代名詞に書きかえなさい。(5点×2)

(1) <u>My brother and John</u> play soccer together.　　..................................

(2) Will Mary go to Jack's party with <u>you and me</u> ?　　..................................

3 次の .... に適切な語を入れて，対話文を完成しなさい。(7点×3)

(1) *A* : Are these books Mr. Brown's ?

　　B : Yes, they are ....

(2) *A* : Are you looking for Betty and Jack ?
　　　　　　　　　　　　　　～を探す
　　B : Yes. I'm looking for ....

(3) *A* : Do you and Aya have to go there ?

　　B : No, ... don't have to.

4 次の下線部の語を，単数形は複数形に，複数形は単数形にして，全文を書きかえなさい。(6点×4)

(1) Are <u>they</u> old buildings ?　　..................................

(2) Does <u>she</u> play the violin well ?　　..................................

(3) This <u>bag</u> is mine.　　..................................

(4) <u>I</u> watch TV.　　..................................

8 前 置 詞 ①

1 次の英文の（　）内から適切な語を選び，〇で囲みなさい。(5点 × 7)

(1) We got up （ in,　on,　at) seven this morning.

(2) Do you come to school （ in,　by,　with) car ?

(3) What do you usually have (at,　in,　for) breakfast ?

(4) Nick comes （ of,　from,　off) Australia.

(5) How （ about,　at,　of) playing tennis this afternoon ?

(6) I go to Canada （ at,　in,　on) January every year.

(7) Are you a member （ from,　in,　of) the English club ?

2 次の日本文に合うように，　　に適切な語を下から選んで書きなさい。(7点 × 5)

(1) この通りを歩いて横切りましょう。　Let's walk .... this street.

(2) 私はボランティアとして働きたいです。
I want to work .... a volunteer.

(3) その少年たちは部屋の中に入って行きました。
The boys went .... the room.

(4) その２つの都市の間には長い橋があります。
There is a long bridge .... the two cities.

(5) 彼らは駅でメアリーを待ちました。
They waited .... Mary at the station.
〔 into,　as,　between,　for,　during,　across 〕

3 次の日本文に合うように，　　に適切な語を書きなさい。(10点 × 3)

(1) 私の兄は火曜日から金曜日までスーパーマーケットで働いています。
My brother works at supermarket from Tuesday .... Friday.

(2) 私は明日，マイクと科学博物館へ行きます。
I'm going to go to the science museum .... Mike tomorrow.

(3) ポールは夏休みの間，京都へ行きました。
Paul visited Kyoto .... the summer vacation.

熟 語 ①

1 次の下線部の語句を日本語にし，日本文を完成しなさい。(8点 × 3)

(1) What time do you <u>get up</u> in the morning?

あなたは朝の何時に [　　　　　　　　　　　]。

(2) I visited Canada <u>for the first time</u>.

私は [　　　　　　　　　] カナダを訪れました。

(3) <u>For example</u>, I eat *natto* for the breakfast.

[　　　　　　　　　　]，私は朝食に納豆を食べます。

2 次の .... に適切な語を入れて，対話文を完成しなさい。(8点 × 4)

(1) *A* : .... wrong ?　　*B* : I have a headache.
　　　　　　　　　　　　　　　　　　　　　　　　　　　　頭痛

(2) *A* : Thanks a lot, Hikari.　　*B* : You're ....

(3) *A* : I like listening to music.　How .... you ?

　　B : Me, too.

(4) *A* : .... don't you play tennis next Sunday ?

　　B : Sorry, but I'm busy on that day.

3 次の日本語に合うように,（　）内から適切な語を○で囲みなさい。(6点 × 4)

(1) 彼の犬の世話をする　　　　　（ look,　watch,　take ）care of his dog

(2) 駅を探す　　　　　　　　　　（ find,　see,　look ）for the station

(3) 学校に到着する　　　　　　　get（ on,　up,　to ）school

(4) ミドリ駅で降りる　　　　　　get（ off,　from,　on ）at the Midori Station

4 次の日本文に合うように, ... に適切な語を書きなさい。(5点 × 4)

(1) あなたは昨日家で何をしましたか。

What did you do .... home yesterday ?

(2) 私は放課後テニスをしたいです。　I want to play tennis .... school.

(3) 私たちは父を誇りに思います。　We're proud .... our father.

(4) あなたには友だちがたくさんいますか。

Do you have a .... of friends ?

10 まとめテスト ①

1 次の日本語を英語にしなさい。(6点×6)

(1) 博物館　　　　　(2) 病気の

(3) 言語　　　　　(4) のどがかわいて

(5) 世界　　　　　(6) ときどき

2 次の下線部の語(句)を日本語にし，日本文を完成しなさい。(5点×5)

(1) <u>Even</u> a child can make it.
子ども [　　　　　] それを作ることができます。

(2) Suddenly the man <u>appeared</u>.　突然その男が [　　　　　]。

(3) Do you <u>agree</u> with me ?　あなたは私に [　　　　　] か。

(4) Go <u>straight</u>, and turn left at the first traffic light.
[　　　　　] 行って，最初の信号を左折しなさい。

(5) My brother went to America <u>for the first time</u>.
私の弟は [　　　　　] アメリカに行きました。

3 次の各組の英文がほぼ同じ意味になるように，　　に適切な語を書きなさい。(7点×3)

(1) She arrived at Midori Station last night.
She ＿＿＿＿＿ to Midori Station last night.

(2) I'm going to go to a foreign country next week.
I'm going to go ＿＿＿＿＿ next week.

(3) Are these your books ?
Are these books ＿＿＿＿＿ ?

4 次の日本文に合うように，　　に適切な語を書きなさい。(6点×3)

(1) 父はその病院で医師として働いています。
My father works ＿＿＿＿＿ a doctor at the hospital.

(2) 壁にかかっている絵は非常に高価です。
The picture on the wall is very ＿＿＿＿＿.

(3) 私は彼女はすぐに戻ってくると信じています。
I believe ＿＿＿＿＿ she'll come back soon.

月　　　日

合格点 **80**点

得点

点

解答 ➡ P.67

名　詞 ③

1 次の英語の意味を右から選び，記号を書きなさい。(5点×5)

(1) grandparent [　　　]

(2) board [　　　]

(3) sign [　　　]

(4) test [　　　]

(5) event [　　　]

ア	出来事	イ	歌
ウ	舟	エ	標識
オ	板	カ	試験
キ	棚	ク	番号
ケ	祖父〔祖母〕	コ	景色

2 次の日本語の意味を表す英語になるように，......に正しい文字を入れなさい。ただし，指定された文字で始めること。(7点×6)

(1) コンサート　c ....

(2) 紙　　　　　p ....

(3) 北　　　　　n ....

(4) 教科書　　　t ....

(5) ルール　　　r ....

(6) スタジアム　s ....

3 次の下線部の語を日本語にし，日本文を完成しなさい。(6点×2)

(1) Look at that old building.

あの古い [　　　　　　　　] を見なさい。

(2) I went to the hospital last Friday.

私は先週金曜日にその [　　　　　　　　] へ行きました。

4 次の日本文に合うように，............に適切な語を書きなさい。(7点×3)

(1) 私は将来，看護師になりたいです。

I want to be a .... in the future.

(2) 私は中国の文化に興味があります。

I am interested in Chinese ....
　　　　　　　　　　　　　　～に興味がある

(3) この店ではたくさんのくつを売っています。

This shop sells a lot of ....

1 次の日本文に合うように，........に適切な語を書きなさい。(10点 × 3)

(1) 彼らとはカナダで友だちになりました。

I made friends with .... in Canada.
　　　〜と友だちになった

(2) 困っているときはお互いに助けあうべきです。

We should help .... other when we are in trouble.
　　　　　　　　　　　　　　　　　　　　　　　困って

(3) これらはジャックの本です。

.... are Jack's books.

2 次の日本文に合うように，( )内の語(句)に1語を加えて並べかえなさい。(10点 × 3)

(1) 何か温かいものが食べたいのですが。(hot, eat, want to, I).

....

(2) このTシャツは私には小さすぎます。もっと大きいものはありませんか。

This T-shirt is too small for me. (have, bigger, do, a, you)?

This T-shirt is too small for me.

.... ?

(3) だれか何か質問はありますか。(have, questions, any, does)?

.... ?

3 次の対話文の........にあてはまる語(句)を下から選んで書きなさい。ただ
し，同じものは一度しか使えない。(10点 × 4)

A : My uncle in Aomori sent me 15 apples. But my family is small, so we
cannot eat all. I'll take six. Do you want (1) .... ?

B : Thank you. I'll take three.

C : I have a family of five. May I take (2) .... ?

A : Sure.

B : Wait, I'll take (3) .... I want to eat (4) .... now.

〔 another, the others, some, one 〕

－12－

動　詞　③

合格点 80点
得点
点
解答 ➡ P.68

1 次の英語の意味を右から選び，記号を書きなさい。(5点×4)

(1) draw 　[　　　]

(2) die 　[　　　]

(3) happen 　[　　　]

(4) grow 　[　　　]

ア （～を）導く	イ （～が）成長する
ウ 死ぬ	エ 起こる
オ （～を）壊す	カ （～を）忘れる
キ （～を）描く	ク 輝く

2 次の日本語を英語にしなさい。ただし，指定された文字で始めること。(7点×6)

(1) ～を逃す　　m ....

(2) (～が)動く，移動する　m ....

(3) 到着する　　a ....

(4) ～を埋める　b ....

(5) (～を)選ぶ　c ....

(6) ～を借りる　b ....

3 次の各組の英文の下線部の語を，意味の違いがわかるように日本語にしなさい。
(10点×2)

(1) He ran fast to catch the last bus.
　　　　　　　　　　　　最終の
彼は最終バスに [　　　　　　　　　　　　　] ように速く走りました。

I sometimes catch a big fish in the river.
私はときどきその川で大きな魚を [　　　　　　　]。

(2) She left her umbrella in the train.
彼女は電車の中にかさを [　　　　　　　]。

We left Osaka for New York on Thursday morning.
私たちは木曜日の朝にニューヨークに向けて大阪を [　　　　　　　]。

4 次の日本文に合うように，(　)内の語を並べかえなさい。ただし，下線部の語は適切な形にかえること。(9点×2)

(1) だれがその重いかばんを運びましたか。(heavy, carry, who, bag, the)?
....?

(2) 私は先週英語の辞書を買いました。
(English, an, dictionary, I, buy) last week.
.... last week.

14 助動詞 ①

1 次の日本文に合うように,（　）内から適切な語を〇で囲みなさい。(6点×4)

(1) 私は母を手伝わなければなりません。I (will, **must**, can) help my mother.

(2) このカメラを使ってもいいですか。(Are, **May**, Will) I use this camera ?

(3) 私は明日, 京都を訪れるつもりです。
 I am (will, **going**, be) to visit Kyoto tomorrow.

(4) あなたはインターネットでレシピを見つけられます。
 You (**can**, do, must) find recipes on the Internet.

2 次の各組の英文の下線部の語句を, 意味の違いがわかるように日本語にしなさい。(12点×3)

(1) I <u>don't have</u> any brothers.　　私には兄弟が [　　　　　　　] 。
 I <u>don't have to</u> wait for him.　　私は彼を待つ [　　　　　　　] 。

(2) <u>Can you</u> eat eggs ?　　卵を食べる [　　　　　　　] 。
 <u>Can you</u> sing it for me ?　　私にそれを歌って [　　　　　　] 。

(3) <u>I'm going to</u> the library.　　私は図書館へ [　　　　　　] 。
 <u>I'm going to</u> read a book.　　私は本を読む [　　　　　　] 。

3 次の日本文に合うように, ... に適切な語を右から選んで書きなさい。ただし, 同じものは一度しか使えない。(8点×5)

(1) 私は上手に英語を話すことができます。
 I .... speak English well.

(2) 私たちはこの仕事を今日終えなければなりません。
 We .... finish this work today.

(3) あなたは私の自転車を使ってもいいですよ。
 You .... use my bike.

(4) 私は何時に帰宅しなければなりませんか。
 What time do I .... to come home ?

(5) 放課後, 私の家に来てくれますか。
 .... you come to my house after school ?

| must |
| may |
| have |
| can |
| will |

15 形容詞 ②

1 次の日本語の意味を表す英語を右から選び，＿＿＿に書きなさい。(6点×5)

(1) いっぱいの　　　.................................

(2) こわがって　　　.................................

(3) 涼しい　　　.................................

(4) 大きい　　　.................................

(5) 十分な　　　.................................

large	enough
angry	cool
full	afraid
excited	popular

2 次の下線部の語(句)を日本語にし，日本文を完成しなさい。(6点×5)

(1) This watch is the <u>same</u> as mine.

この腕時計は私のものと [　　　　　　　　　　] です。

(2) His speech was very <u>boring</u>.

彼の演説はとても [　　　　　　　　　] でした。

(3) My father <u>looked</u> very <u>tired</u>.
　　　　　　　　～に見えた

私の父はとても [　　　　　　　　　] ように見えました。

(4) Would you like <u>another</u> cup of coffee ?
　　　　　　　　　～をいかがですか

[　　　　　　　　　] コーヒーをいかがですか。

(5) I have <u>a few</u> English books.

私は [　　　　　　　　　] 英語の本を持っています。

3 次の英文の(　)内から適切な語を○で囲みなさい。(8点×5)

On a (1)(snow，　snowy) day, my sister and I went to a supermarket near the station. There weren't so (2)(many，much) people there. Then a (3)(foreign，　abroad) woman spoke to us in English. Her English was very (4)(fast，early) so we listened to her very carefully. She was looking
　　　　　　　　　　　　　　　　　　　　　　　　　　　　英語で　注意深く
for *sake* to cook some (5)(Japan，　Japanese) food.

16 副　詞 ②

1 次の日本語の意味を表す英語を右から選び，　　　　に書きなさい。(6点×5)

(1) ほんとうに　　　　.................................

(2) たまに〔ときどき〕　　.................................

(3) 慎重に〔注意して〕　　.................................

(4) あとで　　　　　　.................................

(5) 急いで　　　　　　.................................

anywhere	quickly
later	really
finally	carefully
sometimes	quietly

2 次の日本文に合うように，　　　　に適切な語を書きなさい。(8点×5)

(1) 寒くなってきました。今夜は雪になりそうです。

It's getting cold. It's going to snow ....

(2) 私たちはそのとき公園で走っていました。

We were running in the park ....

(3) 私はパーティーに行きませんでした，そして彼も行きませんでした。

I didn't go to the party, and he didn't, ...

(4) あなたは明日，何をするつもりですか。

What are you going to do .... ?

(5) 私はしばしばそのコンビニエンスストアへ行きます。

I .... go to the convenience store.

3 次の下線部の語(句)を日本語にし，日本文を完成しなさい。(10点×3)

(1) Both Jim and Mary are interested in Japanese culture.

[　　　　　　　　　　　　　]日本の文化に興味があります。

(2) Please speak quietly.

[　　　　　　　　　　　　　]話してください。

(3) Even a child can answer the question.

子ども[　　　　　　　　　　　　　]その質問に答えられます。

合格点 80点
得点
点
解答 ➡ P.69

1 次の日本語に合うように,( )内から適切な語を〇で囲みなさい。(5点×4)

(1) 6時に起きる　　　　　　　　get (at,　of,　up) at six

(2) 私の友だちを待つ　　　　　　(look,　call,　wait) for my friend

(3) 私の辞書を探す　　　　　　　look (for,　at,　from) my dictionary

(4) 世界中を旅する　　　　　　　travel (for,　all,　around) the world

2 次の日本文に合うように, ... に適切な語を下から選んで書きなさい。
(8点×5)

(1) 私は初めて奈良を訪れました。　I visited Nara .... the first time.

(2) 彼のとなりにいる少年がケンです。　The boy next .... him is Ken.

(3) あなたは1人でそこへ行きましたか。
Did you go there .... yourself ?

(4) 夏休みは7月末に始まります。
The summer vacation starts .... the end of July.

(5) 私の家の前には高いビルがあります。
There is a tall building .... front of my house.
〔 at,　by,　for,　to,　in,　of,　on 〕

3 次の下線部の語句を日本語にし, 日本文を完成しなさい。(8点×5)

(1) Did you <u>have fun</u> last night ?　昨夜は [　　　　　　　　　　] ましたか。

(2) Please <u>say hello to</u> your parents.　ご両親に [　　　　　　　　] ください。

(3) Mr. Smith is going to leave Japan <u>the day after tomorrow</u>.
スミスさんは [　　　　　　　　] 日本を発つ予定です。

(4) She has <u>a lot of</u> comic books in her room.
彼女は部屋に [　　　　　　　　] マンガを持っています。

(5) I hope your dream will <u>come true</u>.
私はあなたの夢が [　　　　　　　　] ことを望んでいます。

－17－

18 名　詞 ④

1 次の日本語の意味を表す英語になるように，＿＿に正しい文字を入れなさい。
(6点×6)

(1) 返事　　　　an ＿＿＿＿ r　　(2) 地面　　　　　　gr ＿＿＿＿ d
(3) 健康　　　　h ＿＿＿＿ th　　(4) バレーボール　v ＿ lle ＿ b ＿ ll
(5) コーヒー　　＿ o ＿ fe ＿　　(6) 笑顔　　　　　sm ＿＿＿＿

2 次の下線部の語を日本語にし，日本文を完成しなさい。(8点×4)

(1) Are you interested in Japanese <u>history</u>?
　　あなたは日本の [　　　　　　　　　　] に興味がありますか。

(2) How many <u>aunts</u> do you have?
　　あなたは何人 [　　　　　　　　] がいますか。

(3) You have beautiful long <u>hair</u>.
　　あなたはきれいな長い [　　　　　　　] をしていますね。

(4) Your <u>grandfather</u> is kind.
　　あなたの [　　　　　　　] は親切です。

3 次の各組の(　)に共通して入る語を＿＿に書きなさい。(8点×2)

(1) He (　　　) Japan three years ago.
　　Turn (　　　) at the second corner.　　＿＿＿＿＿＿

(2) My father likes taking (　　　).
　　The (　　　) on the wall are beautiful.　　＿＿＿＿＿＿

4 次の日本文に合うように，＿＿に適切な語を書きなさい。(8点×2)

(1) あなたは何の科目がいちばん好きですか。
　　What ＿＿＿＿＿＿ do you like the best?

(2) 今日，宿題はありません。
　　I don't have any ＿＿＿＿＿＿ today.

形 容 詞 ③

1 例にならって，次の数字を2種類の英語で書きなさい。(6点×4)

(例) 7 : ..... seven .... seventh .....

(1) 9 : ....　　　(2) 13 : ....

(3) 20 : ....　　　(4) 62 : ....

2 次の ..... に適切な語を入れて，英文を完成しなさい。ただし，数字も英語のつづりで書くこと。(8点×3)

(1) There are .... hours in a day.

(2) The .... month of the year is May.

(3) September has .... days.

3 次の各組の英文の下線部の語(句)を，意味の違いがわかるように日本語にしなさい。
(12点×2)

(1) There were <u>few</u> people in the park this morning.
　　今朝，公園には人が [　　　　　　　　　　　　　　]。
　　There are <u>a few</u> books in my bag.
　　私のかばんの中には [　　　　　　　　]本が入っています。

(2) There is <u>little</u> water in the bottle.
　　ビンの中には水が [　　　　　　　　]。
　　I have <u>a little</u> money with me now.
　　私は今お金を [　　　　　　　　　　　　　]持っています。

4 次の日本文に合うように， ..... に適切な語を右から選んで書きなさい。(7点×4)

(1) 私には読むべき本がたくさんあります。
　　I have .... books to read.

(2) この町には図書館が1つもありません。
　　There is .... library in this town.

(3) この冬は雪がたくさん降りましたか。
　　Did you have .... snow this winter ?

(4) 水を少しいかがですか。　Would you like .... water ?

| no |
| some |
| many |
| much |

20 動　詞 ④

合格点 80点

得点　　　点

解答 ➡ P.69

1 次の英語の意味を右から選び，記号を書きなさい。(5点×4)

(1)　mean 　　[　　]

(2)　protect 　　[　　]

(3)　pay 　　[　　]

(4)　introduce 　　[　　]

ア （〜を）紹介する	イ （〜を）守る
ウ （〜を）信じる	エ （〜を）描く
オ （〜を）支払う	カ 急ぐ
キ （〜を）意味する	ク （〜を）運ぶ

2 次の日本語の意味を表す英語になるように，＿に正しい文字を入れなさい。ただし，指定された文字で始めること。(7点×6)

(1)　（〜を）休む　　　r ＿＿＿＿

(2)　死ぬ　　　d ＿＿＿

(3)　（〜を）叫ぶ　　　s ＿＿＿＿

(4)　帰る，（〜を）戻す　r ＿＿＿＿＿

(5)　〜を救う，〜を助ける　s ＿＿＿＿

(6)　始まる，（〜を）始める　b ＿＿＿＿＿

3 次の英文の（　）内の語を，必要があれば適切な形にかえなさい。かえる必要のないものはそのまま書きなさい。(4点×5)

(1)　My mother（bring）me a cup of coffee last night.　　　　　＿＿＿＿＿
　　　　　　　　　　　　　　　　　　　　　　　　1杯の

(2)　Nick（leave）for Australia two days ago.　　　　　＿＿＿＿＿

(3)　I（sing）the song last week.　　　　　＿＿＿＿＿

(4)　George（read）the book last week.　　　　　＿＿＿＿＿

(5)　I（write）a letter to my grandmother yesterday.　　　　　＿＿＿＿＿

4 次の日本文に合うように，＿に適切な語を書きなさい。(9点×2)

(1)　私たちにあなたの家族の写真を送ってください。

　　Please ＿＿＿＿＿ us a picture of your family.

(2)　あなたはどのように冬休みを過ごしましたか。

　　How did you ＿＿＿＿＿ your winter holidays ?

㉑ まとめテスト ②

1 次の英語を日本語にしなさい。(4点×10)

(1) health 〔　　　　　〕　(2) building 〔　　　　　〕

(3) remember 〔　　　　　〕　(4) quickly 〔　　　　　〕

(5) amazing 〔　　　　　〕　(6) suddenly 〔　　　　　〕

(7) ninth 〔　　　　　〕　(8) aunt 〔　　　　　〕

(9) carry 〔　　　　　〕　(10) global 〔　　　　　〕

2 次の日本語を英語にしなさい。(5点×6)

(1) 歴史 ....　(2) 客 ....

(3) 祖父 ....　(4) ルール ....

(5) 地震 ....　(6) コンサート ....

3 次の日本文に合うように，..........に適切な語を書きなさい。(5点×6)

(1) 公園にはほとんど人はいませんでした。

There were .... people in the park.

(2) 私は毎日，犬の世話をします。

I take .... my dog every day.

(3) 私は今日早く寝なくてもいいです。

I .... go to bed early today.

(4) ジムとニックは両方とも日本語を話します。

.... Jim .... Nick speak Japanese.

(5) ミキは今日の午後，カナダへ向けて出発しました。

Miki .... Canada this afternoon.

(6) 私は将来，サッカー選手になりたいです。

I want to be a soccer player .... future.

月　　日

合格点 **80**点
得点
点

解答 ➡ P.70

1 次の英語の意味を右から選び，記号を書きなさい。(4点×5)

(1) patient

(2) guide

(3) trouble

(4) journalist

(5) kitchen

ア	ガイド	イ	アリ
ウ	患者	エ	台所
オ	雑誌	カ	ジャーナリスト
キ	困難，問題	ク	おば

2 次の日本語の意味を表す英語になるように，＿に正しい文字を入れなさい。ただし，指定された文字で始めること。(6点×6)

(1) コンテスト　　c ....

(2) ジュース　　j ....

(3) 岩　　r ....

(4) ポケット　　p ....

(5) スープ　　s ....

(6) グループ　　g ....

3 次の日本文に合うように，(　)内の語に1語を加えて並べかえなさい。(10点×2)

(1) あなたは犬と猫ではどちらの方が好きですか。

(better, you, cats, or, like, dogs, do / ,)?

.... ?

(2) あなたは何のクラブに入っていますか。　(what, you, in, are)?

.... ?

4 例にならって，次の英文の下線部が示す語を書きなさい。ただし，指示された文字で始めること。(6点×4)

（例）　When you cook, you put on me. Who am I?　　a （答）apron
身につける　　　　　　　　　　　　　　　　　　　　　　　　エプロン

(1) When it is raining, you use me. Who am I?　　u ....

(2) When you send e-mails, you use me. Who am I?　　c ....

(3) I am the biggest animal in the ocean. Who am I?　　w ....
海

(4) You can talk with someone far away by using me. Who am I?
ずっと遠くに
　　　　　　　　　　　　　　　　　　　　　　　　　　　p ....

23 疑問詞

1 次の下線部をたずねる英文を完成しなさい。(10点 × 3)

(1) Your camera is <u>on the desk</u>.

　　............................. .... my camera ?

(2) Ken is <u>fine</u>.

　　............................. .... Ken ?

(3) My birthday is <u>June 28</u>.

　　............................. .... your birthday ?

2 次の日本文に合うように, ( )内の語(句)に 1 語を加えて並べかえなさい。
(10点 × 3)

(1) あなたはどのようにして通学しているのですか。
(school, you, to, do, go)?

　　... ?

(2) あなたのクラスでだれがいちばん上手に歌いますか。
(sings, class, your, the best, in)?

　　... ?

(3) これはだれのＣＤですか。
(is, CD, this)?

　　... ?

3 次の .... に適切な語を入れて，対話文を完成しなさい。(10点 × 4)

(1) A : .... is longer, the Shinano River or the Tone River ?
　　　　　　　　　　　　信濃川　　　　　　　　　　利根川
B : The Shinano River is.

(2) A : .... did it take to New York ?
B : It took thirteen hours.

(3) A : .... is it from here to the station ?
B : About 500 meters.
　　　　　メートル

(4) A : .... do you go to the library ?
B : Four times a week.

24 前置詞 ②

1 次の英文の（　）内から適切な語を〇で囲みなさい。(6点×6)

(1) The singer is very popular (among,　between) young people.

(2) Nick stands (on,　between) Jane and Manabu.

(3) We eat sushi (of,　with) our fingers.

(4) We went to Okinawa (between,　during) the summer vacation.

(5) Saki stayed with her aunt (for,　of) a week.

(6) My mother works in the library from Monday (on,　to) Thursday.

2 次の日本文に合うように，..........に適切な語を右から選んで書きなさい。(6点×4)

(1) 宿題を手伝ってくれませんか。

Will you help me .... my homework ?

(2) 明日，駅で会いましょうか。

Shall we meet .... the station tomorrow ?

(3) 私のいとこはアメリカへ向けて出発しました。

My cousin left .... America.

(4) あなたはどこの出身ですか。

Where are you .... ?

for
at
from
with

3 次の下線部の語句を日本語にし，日本文を完成しなさい。(10点×4)

(1) We cannot live underlined{without water}.

私たちは［　　　　　　　　　　］生きることができません。

(2) What can you see underlined{behind the tree} ?

あなたは［　　　　　　　　　　］何が見えますか。

(3) This animal is just underlined{like a cat}.

この動物はちょうど［　　　　　　　　　　］です。

(4) My house is underlined{near the station}.

私の家は［　　　　　　　　　　］にあります。

合格点 **80** 点
得 点

点
解答 ➡ P.71

1 次の各組の語の下線部の発音が同じものを4つ選び，記号を〇で囲みなさい。(6点×4)

ア ［woman, strong］　イ ［take, May］　　ウ ［head, heat］
エ ［test, belt］　　　オ ［whole, hall］　　カ ［gift, billion］
キ ［stadium, sang］　ク ［customer, fun］　ケ ［sure, sung］

2 次の語のうち，第2音節を最も強く発音する語を3つ選び，記号を〇で囲みなさい。(6点×3)

ア sur-pris-ing　イ fa-vor-ite　　ウ use-ful　　　エ in-ter-est-ing
オ vol-un-teer　カ beau-ti-ful　キ im-por-tant　ク mu-si-cian

3 次の各組の語のうち，下線部の発音がほかと異なるものをそれぞれ1つずつ選び，記号を〇で囲みなさい。(6点×3)

(1) ［ア panic　イ apple　ウ same　エ aunt］
(2) ［ア caught　イ boat　ウ window　エ home］
(3) ［ア third　イ father　ウ through　エ south］

4 次の各組の語のうち，下線部の発音が左の語と同じものを1つずつ選び，記号を〇で囲みなさい。(8点×3)

(1) liked　　［ア listened　イ worked　ウ enjoyed　エ called］
(2) busy　　［ア use　イ buy　ウ interesting　エ sightseeing］
(3) become　［ア each　イ apple　ウ our　エ mother］

5 次の各組の語で，最も強く発音する部分の発音がほかと異なるものをそれぞれ1つずつ選び，記号を〇で囲みなさい。(8点×2)

(1) ［ア traditional　イ interview　ウ information　エ interesting］
(2) ［ア problem　イ wonderful　ウ dolphin　エ officer］

26 接 続 詞 ①

1 次の英文の(　　)内から適切な語を〇で囲みなさい。(4点 × 5)

(1) I want to be a scientist, (because,　so) I study science very hard.

(2) Which do you like, math (and,　or) English ?

(3) Last night I was sleepy, (but,　and) I couldn't sleep.

(4) I bought a new CD (or,　and) listened to it.

(5) My mother cannot come (because,　if) she's sick in bed.

2 次の日本文に合うように　　に適切な語を書きなさい。(10点 × 5)

(1) 私は10歳のとき，オーストラリアに住んでいました。
　　　　　　　　　　　I was ten, I lived in Australia.

(2) 私はあなたが正しいと思います。
I think 　　　　　　　　　you're right.

(3) もしひまなら，サッカーをしましょう。
Let's play soccer 　　　　　　　　　you're free.

(4) 食べる前に手を洗いなさい。
Wash your hands 　　　　　　　　　you eat.

(5) 私たちは野球をしたあとで昼食を食べました。
We had lunch 　　　　　　　　　we played baseball.

3 次の下線部の語句を日本語にし，日本文を完成しなさい。(10点 × 3)

(1) <u>If it's sunny tomorrow,</u> let's play tennis.
[　　　　　　　　　　　　　　]，テニスをしましょう。

(2) My brother was studying math <u>while I was watching TV</u>.
[　　　　　　　　　　　　　　]，兄は数学の勉強をしていました。

(3) <u>When I visited Tom,</u> he was eating dinner.
[　　　　　　　　　　　　　　]，彼は夕食を食べていました。

27 熟 語 ③

1 次の日本語に合うように,（　）内から適切な語を〇で囲みなさい。(5点×6)

(1) 私のかばんを探す　　　　look (at, for, after) my bag

(2) 彼に賛成する　　　　　　agree (in, with, at) him

(3) あなたのくつをぬぐ　　　take (out, from, off) your shoes

(4) 放課後テニスをする　　　play tennis (before, on, after) school

(5) 私1人で映画を見る　　　watch a movie (by, on, in) myself

(6) 電車に乗る　　　　　　　get (off, on, at) a train

2 次の各組の＿＿に共通して入る語を小文字で書きなさい。(7点×4)

(1) (　　　　) here or to go ?
Ben came to Japan (　　　持ち帰りの　　) the first time. ....

(2) Kate wants to work in Japan (　　　) the future.
I'm interested (　　　) Chinese food. ....

(3) What's (　　　) ?
I stayed (　　　) late last night. ....

(4) How long does it (　　　) from here to the library ?
Who will (　　時間がかかる　) care of this cat ? ....
　　　　　　　　　　　〜の世話をする

3 次の日本文に合うように,＿＿に適切な語を書きなさい。(7点×6)

(1) あなたはジムを待っていましたか。
Were you waiting .... Jim ?

(2) 楽しみましょう。　Let's .... fun.

(3) わかりました。　I .... it.

(4) 全力を尽くしなさい。................................ your best.

(5) あなたの夢はきっとかなうと思います。
I'm sure your dream will .... true.

(6) ご主人によろしくお伝えください。
Please .... hello to your husband.

28 名　詞 ⑥

1 次の英語の意味を右から選び, 記号を書きなさい。(6点×6)

(1) uniform 　[　　　]

(2) hometown 　[　　　]

(3) island 　[　　　]

(4) shape 　[　　　]

(5) memory 　[　　　]

(6) care 　[　　　]

ア	故郷	イ	カード
ウ	制服	エ	思い出, 記憶
オ	世話	カ	住所
キ	姿, 形	ク	島

2 次の下線部の語(句)を日本語にし, 日本文を完成しなさい。(8点×6)

(1) There are a lot of <u>shrines</u> in Japan.

日本には [　　　　　　　　] がたくさんあります。

(2) Do you know any <u>convenience stores</u> near here ?

この近くの [　　　　　　　　] を知っていますか。

(3) Each country has its own <u>customs</u>.

それぞれの国にはそれぞれの [　　　　　　　　] があります。

(4) We need to take a <u>break</u>.

私たちは [　　　　　　　　] をとる必要があります。

(5) Hokkaido is in the <u>north</u> of Japan.

北海道は日本の [　　　　　　　　] にあります。

(6) Tom is interested in <u>charity</u>.
　　　　　　　～に興味がある

トムは [　　　　　　　　] に興味があります。

3 次の日本文に合うように, ……… に適切な語を書きなさい。(8点×2)

(1) 警察を呼んでくださいませんか。

Could you call the ………………… ?

(2) 今夜のパーティーの主人役はだれですか。— スミスさんです。

Who is the ………………… of the party tonight ?　— Mr. Smith is.

29 代名詞 ③

1 次の各組の英文がほぼ同じ意味になるように，＿＿＿に適切な語を書きなさい。

(7点×4)

(1) Is this his DVD ? ＝ Is this DVD ＿＿＿＿＿＿＿ ?

(2) I don't have any food. ＝ I have ＿＿＿＿＿＿＿ to eat.

(3) Do you have a pen or a pencil ?

　＝ Do you have ＿＿＿＿＿＿＿ to write with ?

(4) Ben knows Sarah, and Sarah knows Ben, too.

　＝ Ben and Sarah know each ＿＿＿＿＿＿＿ .

2 次の日本文に合うように，（　）内から適切な語(句)を〇で囲みなさい。

(9点×5)

(1) だれもそのニュースを知りませんでした。

No (who, one) knew the news.

(2) その少年たち1人ひとりが自分のサッカーボールを持っています。

(One, Each) of the boys has his own soccer ball.

(3) 私の父は自動車を2台持っています。1台は黒で，もう1台は赤です。

My father has two cars. One is black, and (another, the other) is red.

(4) ここからニシ駅まではどのくらいですか。

How far is (this, it) from here to Nishi Station ?

(5) 私はこのかばんが好きではありません。別のを見せてください。

I don't like this bag. Please show me (another, one).

3 次の＿＿＿に適切な語を入れて，対話文を完成しなさい。(9点×3)

(1) *A* : Do you have any brothers ?

B : Yes. I have a brother. I often play tennis with ＿＿＿＿＿＿＿ .

(2) *A* : Is this your camera ?

B : No, it's not ＿＿＿＿＿＿＿ . It's my husband's.

(3) *A* : Look at those girls. They are Mika and Sakura.

B : I know. ＿＿＿＿＿＿＿ father is my math teacher.

30 動　詞 ⑤

合格点 80 点
得 点
点
解答 ➡ P.72

1 次の日本語の意味を表す英語を右から選び，〔　　〕に書きなさい。(7点 × 6)

(1) （〜を）試す　　　　.................................

(2) （〜を）守る　　　　.................................

(3) （〜を）想像する　　.................................

(4) （〜に）さわる　　　.................................

(5) （〜に）ついていく　.................................

(6) 〜に感謝する　　　.................................

imagine	try
protect	spend
touch	thank
follow	think
send	catch

2 次の下線部の語を日本語にし，日本文を完成しなさい。(10点 × 3)

(1) I held a birthday party for my classmate.
私は同級生のために誕生日パーティーを〔　　　　　　　　　　　〕。

(2) Don't forget to bring your passport with you.
パスポートを〔　　　　　　　　　　　〕のを忘れてはいけません。

(3) The plant disappeared from the earth.
その植物は地球から〔　　　　　　　　〕。

3 次の各組の英文の下線部を，意味の違いがわかるように日本語にしなさい。(14点 × 2)

(1) He showed me a picture of his family.
彼は私に家族の写真を〔　　　　　　　　〕。
He showed me the way to the post office.
彼は私に郵便局までの道を〔　　　　　　　　〕。

(2) How long are you going to stay in America ?
あなたはアメリカにどのくらい〔　　　　　　　　〕つもりですか。
Don't stay silent, George.
黙った〔　　　　　　　　〕いけません，ジョージ。

31 助動詞 ②

1 次の日本文に合うように,(　)内から適切な語を〇で囲みなさい。(6点×5)

(1) 私たちはジェーンに会うことができませんでした。
　　 We (won't,　couldn't) see Jane.

(2) 私のかばんを運んでくれませんか。　(Can,　Shall) you carry my bag ?

(3) (電話で)マイクをお願いします。　(May,　Will) I speak to Mike ?

(4) 窓を閉めていただけますか。　(Could,　Shall) you close the window ?

(5) あなたは今日,宿題を終わらせるべきです。
　　 You (have,　should) finish your homework today.

2 次の日本文に合うように,(　)内の語に1語を加えて並べかえなさい。(10点×4)

(1) 公園で昼食を食べましょうか。(have,　in,　lunch,　we,　the,　park) ?
　　 .... ?

(2) 今晩,雨が降るかもしれません。　(it,　this,　rain,　evening).
　　 ....

(3) コーヒーを1杯いかがですか。　(you,　a,　like,　cup,　coffee,　of) ?
　　 .... ?

(4) 私の弟は部屋の掃除をしなければなりません。
　　 (brother,　to,　my,　clean,　room,　his).
　　 ....

3 次の日本文に合うように, ... に適切な語を書きなさい。(6点×5)

(1) ジムは日本語を話すことができません。　Jim .... speak Japanese.

(2) あなたは明日何をするつもりですか。
　　 What are you .... to do tomorrow ?

(3) 私がその質問に答えましょう。　I .... answer the question.

(4) あなたの自転車を使ってもいいですか。　........................... I use your bike ?

(5) 私は今日,料理をしなければなりません。
　　 I .... cook today.

32 まとめテスト ③

合格点 80点　得点　点　解答 ➡ P.72

1 次の英語を日本語にしなさい。(4点×10)

(1) guess
(2) example
(3) experience
(4) try
(5) tradition
(6) custom
(7) protect
(8) astronaut
(9) science
(10) person

2 次の各組の英文がほぼ同じ意味になるように，..........に適切な語を書きなさい。(5点×4)

(1) Let's go shopping next Saturday.

　.................................... we go shopping next Saturday ?

(2) Is this her camera ?

　Is this camera .... ?

(3) How about a cup of coffee ?

　Would you .... a cup of coffee ?

(4) Do you live alone ?

　Do you live by .... ?

3 次の日本文に合うように，..........に適切な語を書きなさい。(8点×5)

(1) あなたはそのコンピュータを使ってはいけません。

　You .... not use the computer.

(2) 私があなたに伝えるべきことは何もありません。

　I have .... to tell you.

(3) 私たち1人ひとりが自分の意見を持たなければなりません。

　.................................... of us has to have his or her opinion.

(4) 私の娘はあさって，日本に戻ります。

　My daughter will come back to Japan the day .... tomorrow.

(5) 目の前に背の高い木が見えますか。

　Can you see a tall tree in .... of you ?

33 形容詞 ④

1 次の形容詞の①比較級と②最上級を書きなさい。(4点×5)

(1) happy ① .... ② ....

(2) many ① .... ② ....

(3) bad ① .... ② ....

(4) little ① .... ② ....

(5) good ① .... ② ....

2 次の語と反対の意味を表す語を右から選んで,線でつなぎなさい。(4点×5)

(1) busy ・ ・ fast

(2) slow ・ ・ free

(3) hot ・ ・ low

(4) high ・ ・ difficult

(5) easy ・ ・ cold

3 次の日本語を英語にしなさい。ただし,指定された文字で始めること。(7点×4)

(1) 重要な　i ....　(2) 便利な　u ....

(3) 幅の広い　w ....　(4) 巨大な　h ....

4 次の日本文に合うように,( )内から適切な語を〇で囲みなさい。(8点×4)

(1) 私は昨日サッカーの試合を見ました。それはわくわくする試合でした。
I saw a soccer game yesterday. It was an (excited, exciting) game.

(2) 子どもたちはその動物を見て興奮しました。
The children were (excited, exciting) to see the animal.

(3) 数学はおもしろいですか。
Is math (interested, interesting)?

(4) ジョージは数学に興味があります。
George is (interested, interesting) in math.

34 動　詞 ⑥

1 次の動詞の過去形・過去分詞・〜ing形を順に書きなさい。(5点×6)

(1) bring ....
(2) write ....
(3) teach ....
(4) give ....
(5) speak ....
(6) sing ....

2 次の英文に合うように，(　)内の語を適切な形にかえて書きなさい。かえる必要のないものはそのまま書きなさい。(5点×8)

(1) She was .... when her father came home. （cook）
(2) I .... him near the museum a week ago. （meet）
(3) She went out of the room without .... a word. （say）
(4) Mai often goes .... at the supermarket with me. （shop）
　　　〜の外へ
(5) I would like to .... a doctor in the future. （be）
(6) My grandparents like to .... a walk in the park. （take）
(7) I often see that woman. She always .... a blue hat. （wear）
(8) My aunt is very good at .... the violin. （play）

3 次の日本文に合うように，(　)内の語(句)を並べかえなさい。ただし，動詞は必要があれば適切な形(1語)にかえること。(10点×3)

(1) その小犬はだれが見つけたのですか。
　　(the little,　dog,　who,　find)？

　　..？

(2) 中国語を話すことは簡単ではありません。
　　(is,　speak,　not,　easy,　Chinese).

　　.. .

(3) この本は若者たちに読まれています。
　　(read,　young,　by,　this,　is,　book,　people).

　　.. .

35 副　詞 ③

合格点 80点
得点
点
解答 ➡ P.73

1 次の日本語の意味を表す英語を右から選び，　　　に書きなさい。(5点×4)

(1) 早く　　　　　……………………………

(2) 速く　　　　　……………………………

(3) 1人で　　　　……………………………

(4) 静かに　　　　……………………………

quietly	often
alone	early
all	fast
sometimes	easily

2 次の英語を日本語にしなさい。(5点×8)

(1) once 　[　　　　　]　(2) again 　[　　　　　]

(3) tonight 　[　　　　　]　(4) forever 　[　　　　　]

(5) maybe 　[　　　　　]　(6) still 　[　　　　　]

(7) certainly 　[　　　　　]　(8) however 　[　　　　　]

3 次の日本文に合うように，(　)内の語(句)に1語を加えて並べかえなさい。
(8点×5)

(1) あなたの学校はここから遠いのですか。

(your school,　here,　from,　away,　is)?

…………………………………………………………………………………… ?

(2) 私はしばしば，父と川に釣りに行きます。

(the river,　go,　with,　in,　fishing,　I,　my father).

…………………………………………………………………………………… .

(3) あなたもサッカーをやりたいですか。

(want,　play,　you,　to,　soccer,　do)?

…………………………………………………………………………………… ?

(4) 私たちは1日中家にいました。

(stayed,　day,　all,　we).

…………………………………………………………………………………… .

(5) 日本語は英語よりもずっと難しいです。

(difficult,　Japanese,　is,　more,　English,　than).

…………………………………………………………………………………… .

熟　語 ④

1 次の日本文に合うように，.........に適切な語を書きなさい。(8点 × 5)

(1) あさっては晴れるでしょう。

It'll be sunny the day ＿＿＿＿＿＿＿ ＿＿＿＿＿＿＿ .

(2) どのくらい長く，あなたは奥さんを待っていたのですか。

How long did you ＿＿＿＿＿＿＿ ＿＿＿＿＿＿＿ your wife ?

(3) あなたたちは昨夜家にいましたか。

Were you ＿＿＿＿＿＿＿ ＿＿＿＿＿＿＿ last night ?

(4) 私たちの犬をこわがらないでください。

Don't be ＿＿＿＿＿＿＿ ＿＿＿＿＿＿＿ our dog.

(5) 昨夜のパーティーでは楽しく過ごしました。

I ＿＿＿＿＿＿＿ a good ＿＿＿＿＿＿＿ at the party last night.

2 次の各組の(　)に共通して入る語を.........に書きなさい。(10点 × 2)

(1) I work at a hospital (　　　) Monday to Friday.

My cousin is (　　　) Kyoto.　　　　　　.................................

(2) There is a building (　　　) front of my house.

I want to be a scientist (　　　) the future.　　.................................

3 次の下線部の語句を日本語にし，日本文を完成しなさい。(10点 × 4)

(1) An old man spoke to me <u>on my way to school</u>.

[　　　　　　　　　　　　　]お年寄りが私に話しかけてきました。

(2) My idea <u>is the same as</u> yours.

私の考えはあなたの考えと[　　　　　　　　　]。

(3) The boy <u>is known to</u> everyone in the village.

その男の子はその村のすべての人[　　　　　　　]。

(4) We arrived home late <u>because of</u> heavy snow.

大雪[　　　　　　　　　]私たちは家に遅く着きました。

37 名　詞 ⑦

1 次の英語の意味を右から選び，記号を書きなさい。(4点×5)

(1) trip 　[　　　]
(2) heart 　[　　　]
(3) piece 　[　　　]
(4) blossom 　[　　　]
(5) star 　[　　　]

ア	（果樹の）花	イ	教科書
ウ	1つ，1片	エ	星
オ	心，気持ち	カ	旅行

2 次の日本語の意味を表す英語になるように，＿に正しい文字を入れなさい。ただし，指定された文字で始めること。(7点×6)

(1) 生活　　　l＿＿＿＿＿＿
(2) 人間　　　h＿＿＿＿＿＿
(3) 脚　　　　l＿＿＿＿
(4) 島　　　　i＿＿＿＿＿＿＿
(5) 市場　　　m＿＿＿＿＿＿＿
(6) 仕事　　　j＿＿＿＿

3 次の下線部の語を日本語にし，日本文を完成しなさい。(7点×2)

(1) Look at the house with a green <u>roof</u>.
　緑の [　　　　　　　　] の家を見なさい。

(2) Can you tell me your <u>opinion</u> ?
　あなたの [　　　　　　　　] を私に話してくれませんか。

4 次の日本文に合うように，＿に適切な語を書きなさい。(8点×3)

(1) この電話は故障しています。
　There is something wrong with this ＿＿＿＿＿＿＿＿ .

(2) 通りには人がたくさんいました。
　There were a lot of people on the ＿＿＿＿＿＿＿＿ .

(3) 学生時代，私は理科があまり得意ではありませんでした。
　I wasn't so good at ＿＿＿＿＿＿＿＿ when I was a student.
　　　　　　～が得意だ

38 形容詞 ⑤

1 次の語の反対の意味を表す語を書きなさい。(4点×6)

(1) easy .... (2) wrong .... (3) slow ....

(4) late .... (5) free .... (6) new ....

2 次の各組の英文がほぼ同じ意味になるように，.......... に適切な語を書きなさい。
(8点×5)

(1) These are very old watches.

These .... very old.

(2) His car is very expensive.

He .... very expensive ....

(3) She is a good basketball player.

She is .... playing basketball.

(4) He is the tallest of all the boys in my class.

He is .... than any other .... in my class.

(5) I'm not as young as you.

I'm .... you.

3 次の日本文に合うように，( )内の語(句)に１語を加えて並べかえなさい。
(9点×4)

(1) その大きな犬をこわがってはいけません。

(be, the big dog, of, don't).

....

(2) 彼女はその知らせを聞いて悲しそうでした。

(to, the news, looked, hear, she).

....

(3) 彼は昨日，あなたに腹を立てていました。

(with, was, yesterday, he, you).

....

(4) きっと彼は先生です。(a teacher, he, is, I'm).

....

39 動　詞 ⑦

合格点 80 点
得 点
点
解答 ➡ P.74

1 次の英文の（　）内の語を，適切な形にかえなさい。(6点×5)

(1) Did you finish （clean） your room ?

(2) Thank you for （write） to me.

(3) Who （go） there last night ?

(4) I （buy） this T-shirt last Sunday.

(5) Then people （find） that the story was true.

2 次の日本文に合うように，..........に適切な語を下から選び，正しい形(1語)に直して書きなさい。(8点×5)

(1) だれもがその答えを知っていました。　Everyone .... the answer.

(2) 太陽は東から昇ります。　The sun .... in the east.

(3) 絵を描くことはとても楽しいです。........................ pictures is a lot of fun.

(4) 私はドアを閉めるのを忘れました。
I .... to close the door.

(5) その店ではたくさんの種類の果物が売られています。
The store .... many kinds of fruits.
〔 forget,　draw,　know,　rise,　sell,　sing 〕

3 次の日本文に合うように，（　）内の語(句)を並べかえなさい。(10点×3)

(1) その歌を聞いて，私たちはとても幸せになりました。
（ made,　the song,　very,　us,　happy ）.

(2) だれが海外で勉強する予定ですか。
（ abroad,　going,　who,　is,　to,　study ）?

(3) この車はアメリカ製です。　（ in,　car,　made,　is,　this,　America ）.

④0 前 置 詞 ③

1 次の各組の（　）に共通して入る前置詞を＿＿に書きなさい。(8点×4)

(1) I'll visit my grandmother （　　　） the end of March.

My mother usually gets up （　　　） six.　　　　　　.................................

(2) Where do you come （　　　）?

My mother works （　　　） ten to three.　　　　　.................................

(3) We stayed in Osaka （　　　） a week.

I'll sing this song （　　　） you.　　　　　　　.................................

(4) May I speak （　　　） English ?

We can ski （　　　） winter.　　　　　　　　.................................

2 次の日本文に合うように，＿＿に適切な語を書きなさい。(10点×5)

(1) 私は夏休みの間，鎌倉を訪れました。

I visited Kamakura .... the summer vacation.

(2) 私の家とマイクの家の間に図書館があります。

There is a library .... my house and Mike's house.

(3) 彼らのうちの1人は，中国語を話せます。

One .... them can speak Chinese.

(4) あなたはそこへ電車で行きますか。

Do you go there .... train?

(5) この本は英語で書かれました。

This book was written .... English.

3 次の下線部の語句を日本語にし，日本文を完成しなさい。(9点×2)

(1) She is very famous <u>among young people</u>.

彼女は [　　　　　　　　　　　　　　　　] とても有名です。

(2) I stayed at Tokyo <u>for a week</u>.

私は [　　　　　　　　　] 東京に滞在しました。

-40-

接 続 詞 ②

合格点 80点
得 点
点
解答 ➡ P.75

1 次の英文の（ ）内から適切な語を〇で囲みなさい。(7点×6)

(1) My sister always reads some books (so, when) she's in her room.

(2) I think (for, that) my sister is kind to her friends.

(3) I'm happy (that, because) I bought some clothes today.

(4) How about going shopping (if, but) you're free tomorrow ?

(5) I wanted to go there, (so, but) I couldn't go.

(6) I started cooking dinner (after, so) my sister came back home.

2 次の日本文に合うように，_____に適切な語を書きなさい。(8点×5)

(1) 私はツアーガイドになりたいので英語を熱心に勉強します。

I want to be a tour guide, _____ I study English hard.

(2) 私は歌を歌うのが大好きなので，歌手になりたいです。

I want to be a singer _____ I love singing songs.

(3) 夕食を食べたあとに，数学を勉強しなさい。

Study math _____ you eat dinner.

(4) あなたが好きなのはコーヒーか紅茶のどちらですか。

Which is your favorite, coffee _____ tea ?

(5) もし明日晴れたら，私たちはキャンプに行きます。

We'll go camping _____ it's sunny tomorrow.

3 次の下線部の語句を日本語にし，日本文を完成しなさい。(9点×2)

(1) Please stay with me until my mother comes back.

[   ] 私といっしょにいてください。

(2) While I was reading, my sister was watching TV.

[   ]，妹はテレビを見ていました。

42 発音・アクセント ②

1 次の各組の語の下線部の発音が同じものを3つ選び，記号を○で囲みなさい。(7点×3)

ア ［l<u>i</u>ve, l<u>ea</u>ve］　　イ ［h<u>ar</u>d, w<u>or</u>k］　　ウ ［s<u>aw</u>, b<u>oa</u>t］

エ ［gr<u>ea</u>t, w<u>ai</u>t］　　オ ［s<u>o</u>n, s<u>ou</u>nd］　　カ ［h<u>ear</u>d, h<u>ear</u>］

キ ［th<u>ir</u>d, p<u>ar</u>k］　　ク ［<u>a</u>pple, h<u>a</u>ppy］　　ケ ［t<u>ea</u>ch, str<u>ee</u>t］

2 次の各組の語のうち，下線部の発音がほかと異なるものをそれぞれ1つずつ選び，記号を○で囲みなさい。(7点×3)

(1) ［ア s<u>u</u>n　　イ c<u>u</u>t　　ウ m<u>o</u>ther　　エ <u>u</u>sually］

(2) ［ア <u>o</u>nly　　イ <u>o</u>ver　　ウ h<u>o</u>me　　エ <u>o</u>range］

(3) ［ア <u>th</u>ink　　イ toge<u>th</u>er　　ウ mon<u>th</u>　　エ nor<u>th</u>］

3 次の各組の語のうち，下線部の発音が左の語の下線部と同じものを1つずつ選び，記号を○で囲みなさい。(8点×3)

(1) st<u>u</u>dy　［ア s<u>o</u>me　　イ st<u>u</u>dent　ウ st<u>a</u>nd　　エ <u>u</u>se］

(2) wante<u>d</u>　［ア answere<u>d</u>　イ washe<u>d</u>　ウ neede<u>d</u>　エ listene<u>d</u>］

(3) b<u>ou</u>ght　［ア c<u>au</u>ght　イ <u>o</u>ld　　ウ th<u>ou</u>sand エ h<u>ou</u>se］

4 次の語のうち，第2音節を最も強く発音する語を3つ選び，記号を○で囲みなさい。(6×3点)

ア in-ter-est-ing　イ in-ter-na-tion-al　ウ dif-fi-cult　　エ to-mor-row

オ yes-ter-day　　カ news-pa-per　　キ re-mem-ber　　ク break-fast

ケ un-der-stand　　コ im-por-tant

5 次の各組の語の中で，最も強く発音する部分の発音がほかと異なるものをそれぞれ1つずつ選び，記号を○で囲みなさい。(8点×2)

(1) ［ア library　　イ children　　ウ exciting　　エ science］

(2) ［ア favorite　イ eighteen　ウ vacation　エ famous］

まとめテスト ④

合格点 **80** 点
得 点
点
解答 ➡ P.75

1 次の日本語を英語にしなさい。ただし, 指定された文字で始めること。(5点×4)

(1) 市場　　m ....
(2) 困難, 問題　　p ....
(3) 今夜　　t ....
(4) 遅い　　l ....

2 次の日本文に合うように, ... に適切な語を書きなさい。(5点×8)

(1) 私は昨日より具合が悪いです。　I feel .... than yesterday.
(2) それはわくわくする試合でしたか。　Was it an .... game ?
(3) この建物は50年前に建てられました。
This building was .... 50 years ago.
(4) 昼食をいっしょに食べましょう。　Let's eat lunch ....
(5) (電話で)番号がまちがっていると思います。
You have the .... number.
(6) 彼らは昨年, 大きな家を買いました。
They .... a big house last year.
(7) この腕時計は高価です。　This watch is ....
(8) (電話で)そのままお待ちください。　...................................... on, please.

3 次の下線部の語句を日本語にし, 日本文を完成しなさい。(10点×4)

(1) He's taller than any other student in this class.
彼はこのクラスの [　　　　　　　　　　　　　　　　　] です。
(2) The students stayed up late last night.
学生たちは昨夜, 遅くまで [　　　　　　　　　　　　　　　] 。
(3) The children played in the park until it got dark.
子どもたちは [　　　　　　　　　　　] 公園で遊びました。
(4) What makes you so angry ?
[　　　　　　　　　　　　　　　　　　　　　　　] 。

名 詞 ⑧

合格点 **80**点

得 点

点

解答 ➡ P.75

1 次の英語の意味を右から選び，記号を書きなさい。(4点×5)

(1) store [　　]

(2) size [　　]

(3) stadium [　　]

(4) medicine [　　]

(5) information [　　]

ア	顔	イ	薬
ウ	大きさ	エ	店
オ	競技場	カ	国境
キ	おもちゃ	ク	情報

2 次の日本語を英語にしなさい。ただし，指定された文字で始めること。

(6点×6)

(1) 体育館　　　g _____

(2) 学年　　　g _____

(3) 将来，未来　f _____

(4) 顔　　　　f _____

(5) 問題　　　p _____

(6) エネルギー　e _____

3 例にならって，_____ に適切な語を書きなさい。(5点×4)

（例）teach → teacher　　piano → pianist

(1) farm　　→ _____

(2) science　→ _____

(3) act　　　→ _____

(4) sing　　→ _____

4 次の英文の_____ に適切な語を入れなさい。ただし，指定された文字で始めること。(6点×4)

(1) A c_____ tells you the time.

(2) You have to carry your p_____ when you go abroad.

(3) A lot of people can fly from one place to another by getting on a p_____ .
乗る

(4) We have to pay m_____ to the other when we buy something.

動 詞 ⑧

1 次の英文の（　）内の語を，適切な形（1語）にかえなさい。かえる必要がないものはそのまま書きなさい。(7点 × 8)

(1) （Drive）a car is not easy for me.　　　　　..

(2) Yuta （keep）running for two hours yesterday.　　..

(3) That night people （feel）sad to hear the news.　　..

(4) Who is （stand）in front of the students ?　　..
　　　　　　　　　〜の前に〔で〕

(5) The boys enjoyed （swim）in the pool.　　　..

(6) What （make）you so happy ?　　　　　..

(7) The sun （rise）in the east.　　　　　　..

(8) This desk is （make）in China.　　　　　..

2 次の日本文に合うように，（　）内の語(句)を並べかえなさい。(10点 × 3)

(1) 私はあなたがここを去りたくないのはわかります。
　　(want,　understand,　that,　you,　leave,　I,　don't,　here,　to).

　　.. .

(2) もし急げば，電車に間に合います。
　　(if,　you,　you,　can,　the train,　hurry up,　catch).

　　.. .

(3) 彼女は午後に東京駅に着きました。
　　(the,　Tokyo Station,　at,　she,　arrived,　afternoon,　in).

　　.. .

3 次の各組の英文がほぼ同じ意味になるように， .... に適切な語を書きなさい。(7点 × 2)

(1) Who is your math teacher ?
　　Who .... math to you ?

(2) Who took this picture ?
　　Who was this picture .... by ?

-45-

46 助動詞 ③

1 次の日本文に合うように，.........に適切な語を書きなさい。(6点×10)

(1) コーヒーをもう 1 杯いかがですか。

.... you like another cup of coffee ?

(2) (電話で)ジュンをお願いします。　........................... I speak to Jun ?

(3) 動物にはやさしくするべきです。　You .... be kind to animals.

(4) 宿題を手伝ってくれませんか。

.... you help me with my homework ?

(5) 窓を開けましょうか。　........................... I open the window ?

(6) あなたはこの仕事をしなければいけません。

You .... do this work.

(7) ジョンはパーティーに来るかもしれません。

John .... come to the party.

(8) 私たちはその会議に参加することができませんでした。

We .... join the meeting.

(9) いらっしゃいませ。　........................... I help you ?

(10) 今すぐ家に帰ってもいいですよ。

You .... go home now.

2 次の各組の英文がほぼ同じ意味になるように，.........に適切な語を書きなさい。(10点×4)

(1) You must do your homework before dinner.

You .... do your homework before dinner.

(2) Please tell me the way to the library.

.... tell me the way to the library ?

(3) You must be careful when you talk to that man.

.... careful when you talk to that man.

(4) Let's have lunch in the park.

.... have lunch in the park ?

47 形容詞 ⑥

1 次の下線部の語句を日本語にし，日本文を完成しなさい。(7点 × 4)

(1) I have a different opinion from yours.
私は，あなたのとは [　　　　　　　　　　　　　] を持っています。

(2) My brother has several T-shirts.
私の兄は [　　　　　　　　　　　　　] を持っています。

(3) Mr. Smith spoke to us in a simple English.
スミス先生は私たちに [　　　　　　　　　] で話してくれました。

(4) Let's work together for their bright future.
彼らの [　　　　　　　　　　　　　] のためにともに働きましょう。

2 次の日本文に合うように，.......... に適切な語を書きなさい。(7点 × 6)

(1) 私は混雑したバスに乗りたくありません。
I don't want to take a .... bus.

(2) 彼女のドレスは安かったです。
Her dress was ....

(3) コミュニケーションは重要です。　Communication is ....

(4) みんながその生徒を誇りに思っています。
Everyone is .... of the student.

(5) 私のホストマザーはとても親切です。
My host mother is very ....

(6) 父は早い電車に乗りました。　My father took an .... train.

3 次の各組の .... に，互いに反対の意味の語を入れなさい。(10点 × 3)

(1) Be .... in class.
授業中
Don't speak in a .... voice in the library.
声

(2) To walk every day is .... for your health.
健康
I heard a .... news.

(3) My father was .... last week.
Why don't we go shopping if you are .... tomorrow?

48 副　詞 ④

1 次の日本文に合うように，(　)内から適切な語を○で囲みなさい。(6点×5)

(1) 彼女は先月，1人でそこへ行きました。

She went there (alone,　one) last month.

(2) 父はたいてい夜遅く帰宅します。

My father (usual,　usually) comes home late at night.

(3) 静かに本を読みなさい。　Read a book (quiet,　quietly).

(4) 私は日本食が好きです。とりわけ納豆が好きです。

I like Japanese food, (especially,　special) *natto*.

(5) 実は私は医者です。　(Actually,　Certainly) I am a doctor.

2 次の日本文に合うように，........に適切な語を書きなさい。ただし，指定された文字で始めること。(10点×5)

(1) 家に帰る途中，いきなり雨が降りだしてきました。

On my way home, s............................ it began to rain.

(2) 彼は簡単にその質問に答えました。

He answered the question e............................ .

(3) とうとう，夢が実現しました。

F............................ , my dream came true.

(4) 彼はほぼ毎日サッカーをします。

He plays soccer a............................ every day.

(5) すばやく歩いてください。

Please walk q............................ .

3 次の各組の英文がほぼ同じ意味になるように，........に適切な語を書きなさい。(10点×2)

(1) My father is a very careful driver.

My father drives very ....

(2) He is the best pianist in my class.

He plays the piano the .... in my class.

49 熟　語 ⑤

合格点 80点
得点 点
解答 ➡ P.77

1 次の日本文に合うように，＿＿に適切な語を右から選んで書きなさい。（8点×5）

after
at
in
to
of

(1) ご家族によろしくお伝えください。
Please say hello ＿＿＿＿ your family.

(2) ジェーンはバスケットボールが得意です。
Jane is good ＿＿＿＿ basketball.

(3) 私は将来，看護師になりたいです。
I want to be a nurse ＿＿＿＿ the future.

(4) マイクはあさって日本を発(た)つ予定です。
Mike is going to leave Japan the day ＿＿＿＿ tomorrow.

(5) 彼女は猫をこわがっています。　She is afraid ＿＿＿＿ cats.

2 次の各組の（　）に共通して入る語を＿＿に書きなさい。（10点×4）

(1) I'm looking (　　　) a black cap.
I watched this movie (　　　) the first time.　＿＿＿＿

(2) I (　　　) up at six this morning.
I (　　　) on the train yesterday.　＿＿＿＿

(3) I went shopping with Tom the (　　　) day.
We should help each (　　　).　＿＿＿＿

(4) Did you go to Australia (　　　) yourself ?
I go to school (　　　) bus.　＿＿＿＿

3 次の下線部の語句を日本語にし，日本文を完成しなさい。（10点×2）

(1) Finally, your dream <u>came true</u>.
ついに，あなたの夢が［　　　　　　　　］。

(2) Soccer is popular <u>all over the world</u>.
サッカーは［　　　　　　　　］人気です。

50 名　詞 ⑨

合格点 **80** 点
得 点　　　　点
解答 ➡ P.77

1 次の語を単数形は複数形に，複数形は単数形にしなさい。単数形と複数形が同じ形のものはそのまま書きなさい。(3点×10)

(1) foot ....
(2) potato ....
(3) teeth ....
(4) lives〔láivz〕 ....
(5) roof ....
(6) churches ....
(7) Japanese ....
(8) library ....
(9) stories ....
(10) box ....

2 次の語の反対の意味または対になる語を書きなさい。(5点×8)

(1) husband ....
(2) woman ....
(3) grandmother ....
(4) east ....
(5) south ....
(6) summer ....
(7) question ....
(8) war ....

3 次の各組の英文がほぼ同じ意味になるように，........ に適切な語を書きなさい。(6点×2)

(1) He plays soccer well.
He is a good soccer ....
(2) A lot of people visit Kyoto every year.
Kyoto has a lot of .... every year.

4 次の日本文に合うように，........ に適切な語を書きなさい。(6点×3)

(1) この植物は失われつつあります。
This .... is disappearing.
(2) 彼は休みなく働きました。
He worked day and ....
(3) 彼のいとこはとても美しいです。
His .... is very beautiful.

－50－

51 動　詞 ⑨

1 次の英文の（　）内の語を，適切な形（1語）にかえなさい。(5点×6)

(1) His daughter （become） an English teacher two years ago. ....

(2) When （be） your sister born ? ....

(3) Our school was （build） 100 years ago. ....

(4) Suddenly the baby started （cry）. ....

(5) I （meet） John last week. ....

(6) I （have） a good time with my friends last night. ....

2 次の日本文に合うように，.........に適切な語を書きなさい。(8点×5)

(1) ホワイト先生に助言を求めましょう。

Let's .... Mr. White for advice.

(2) 私は昨日，家族と日本食を食べました。

I .... Japanese food with my family yesterday.

(3) 忘れずにかさを持ってきなさい。

Don't .... to bring your umbrella.

(4) 私たちは彼を1時間待ち続けました。

We .... waiting for him for an hour.

(5) それはどういう意味ですか。　What do you .... by that ?

3 次の下線部の語(句)を日本語にし，日本文を完成しなさい。(10点×3)

(1) What will appear the next ?

次に何が [　　　　　　　　　　] 。

(2) I invited Tom to the party.

私はトムをパーティーに [　　　　　　　　　　] 。

(3) Time passes very quickly.

時間はとても早く [　　　　　　　　　　] 。

52 まとめテスト ⑤

1 次の英語を日本語にしなさい。(3点×8)

(1) plan 　[　　　　　] (2) suddenly 　[　　　　　]

(3) husband 　[　　　　　] (4) uniform 　[　　　　　]

(5) temperature 　[　　　　　] (6) crowded 　[　　　　　]

(7) traditional 　[　　　　　] (8) carefully 　[　　　　　]

2 次の日本語を英語にしなさい。(3点×9)

(1) 科学者 ………………… (2) 大声の …………………

(3) 体育館 ………………… (4) 平和 …………………

(5) 客 ………………… (6) 身体 …………………

(7) 重要な ………………… (8) おば …………………

(9) (絵を)描く …………………

3 次の………に発音が同じで, つづりが異なる語を書き, 英文を完成しなさい。

(8点×3)

(1) I ………………… that he bought a ………………… car.

(2) ………………… teacher came to my house an ………………… ago.

(3) A boy with a ………………… cap ………………… a book to small children.

4 日本語を参考に, 次の英文の………に適切な語を書きなさい。(5点×5)

(1) You have the ………………… number. (電話番号が違うことを伝えるとき)

(2) ………………… on, please. (電話でちょっと待ってほしいとき)

(3) ………………… play tennis? (相手にいっしょにテニスをしないかと誘うとき)

(4) What's …………………? (相手に調子はどうかたずねるとき)

(5) Please say ………………… to Jane. (ジェーンによろしくお伝えくださいと言うとき)

53 名　詞 ⑩

合格点 80点
得点　　　　点
解答 ➡ P.78

1 次の日本語の意味を表す英語になるように，＿＿に正しい文字を入れなさい。(6点×6)

(1) 顔　　　　f ＿＿ e

(2) 店　　　　＿＿ or ＿

(3) 出来事　　ev ＿＿ t

(4) 健康　　　h ＿＿ th

(5) 部分　　　p ＿ r ＿

(6) 友情　　　＿ ri ＿ nd ＿＿ p

2 次の英語を日本語にしなさい。(4点×5)

(1) garden 　　[　　　　　　]

(2) trip 　　　[　　　　　　]

(3) view 　　　[　　　　　　]

(4) star 　　　[　　　　　　]

(5) global warming 　[　　　　　]

3 下線部の語を日本語にし，日本文を完成しなさい。(7点×4)

(1) Do you believe her <u>story</u>?
あなたは彼女の [　　　　　　] を信じますか。

(2) I'm going to go to my <u>hometown</u> this weekend.
私は今週末，自分の [　　　　　　] に行きます。

(3) Emily likes Japanese <u>culture</u>.
エミリーは日本の [　　　　　　] が好きです。

(4) Our school has a <u>chorus</u> contest every year.
私の学校は毎年，[　　　　　　] コンクールがあります。

4 次の日本文に合うように，＿＿に適切な語を書きなさい。(8点×2)

(1) 私は将来，音楽家になりたいです。
I want to be a ＿＿＿＿＿＿ in the future.

(2) 海外を旅行するためにはパスポートが必要です。
You need a ＿＿＿＿＿＿ to travel abroad.

54 動　詞 ⑩

1 次の動詞の過去形・過去分詞・〜ing形を順に書きなさい。(5点×6)

(1) buy 　　　　　　　　　　　　　　　(2) eat

(3) hit 　　　　　　　　　　　　　　　(4) leave

(5) give 　　　　　　　　　　　　　　(6) hold

2 次の英文に合うように，(　)内の語を適切な形にかえて書きなさい。かえる必要がないものはそのまま書きなさい。(5点×8)

(1) I have to 　　　　　　　 my homework today. （finish）

(2) This book was 　　　　　　　 by Natsume Soseki. （write）

(3) My brother 　　　　　　　 the book last Sunday. （read）

(4) Emi is good at 　　　　　　　 the piano. （play）

(5) How does your sister usually 　　　　　　　 to school ? （go）

(6) I 　　　　　　　 at Tokyo Station one hour ago. （arrive）

(7) I want to 　　　　　　　 a teacher in the future. （be）

(8) This song is 　　　　　　　 by a lot of people. （sing）

3 次の日本文に合うように，(　)内の語を並べかえなさい。ただし，下線部の語は適切な形にかえること。(10点×3)

(1) 私は部屋を掃除し終えました。

(my,　finished,　room,　I,　clean).

　　　　　　　　　　　　　　　　　　　　　　　　　　　　.

(2) この教会は100年前に建てられました。

(was,　build,　100,　ago,　church,　years,　this).

　　　　　　　　　　　　　　　　　　　　　　　　　　　　.

(3) 英語はカナダで話されます。

(is,　Canada,　English,　speak,　in).

　　　　　　　　　　　　　　　　　　　　　　　　　　　　.

55 形容詞 ⑦

合格点 **80** 点
得 点　　　　点
解答 ➡ P.78

1 次の日本語の意味を表す英語になるように，……に正しい文字を入れなさい。(4点×6)

(1) 難しい　　　d ＿＿ f ＿＿ ic ＿＿ lt　　(2) 悲しい　　　s ＿＿＿＿

(3) 個人的な　　p ＿＿＿＿ so ＿＿＿＿　　(4) 幅の広い　　w ＿＿＿＿

(5) かわいい　　pr ＿＿＿＿ y　　(6) 全体の　　　w ＿＿＿＿＿＿

2 次の形容詞の①比較級と②最上級を書きなさい。(4点×4)

(1) well　　①　＿＿＿＿＿＿＿　②　＿＿＿＿＿＿＿

(2) much　　①　＿＿＿＿＿＿＿　②　＿＿＿＿＿＿＿

(3) hot　　①　＿＿＿＿＿＿＿　②　＿＿＿＿＿＿＿

(4) busy　　①　＿＿＿＿＿＿＿　②　＿＿＿＿＿＿＿

3 次の下線部の語を日本語にし，日本文を完成しなさい。(8点×3)

(1) The movie is very underline{interesting}.
その映画はとても [　　　　　　　]。

(2) My father bought an underline{expensive} computer.
私の父は [　　　　　　　] コンピュータを買いました。

(3) The singer is underline{famous} among young people.
その歌手は若い人たちの間で [　　　　　　　] です。

4 次の日本文に合うように，……に適切な語を書きなさい。(12点×3)

(1) 彼はかばんの中に数冊の本を持っています。
He has a ＿＿＿＿＿＿ books in his bag.

(2) 私の意見はあなたの意見とは違います。
My opinion is ＿＿＿＿＿＿ from yours.

(3) 毎日歩くことは大切です。
Walking every day is ＿＿＿＿＿＿ .

56 発音・アクセント ③

1 次の語と発音が同じで，つづりが異なる語を書きなさい。(5点×6)

(1) knew　...........................

(2) meat　...........................

(3) hour　...........................

(4) ate　...........................

(5) sea　...........................

(6) here　...........................

2 次の各組の英文の _____ に，それぞれ発音が同じでつづりが異なる語を書きなさい。(10点×2)

(1) He .... a ball at the window.

She walked to the station .... the park.

(2) Our team .... the game.

This book is more interesting than that ....

3 次の各組の語の下線部の発音が同じものを4つ選び，記号を○で囲みなさい。(5点×4)

ア [only, home]　　イ [map, mother]　ウ [those, thought]

エ [country, culture]　オ [walk, boat]　カ [early, heard]

キ [she, see]　　　　ク [move, only]　ケ [says, said]

4 次の語のうち，第2音節を最も強く発音する語を3つ選び，記号を○で囲みなさい。(6点×3)

ア vol-un-teer　　イ Jap-a-nese　　ウ ex-pe-ri-ence　　エ mu-se-um

オ to-mor-row　　カ beau-ti-ful　　キ In-ter-net　　ク bath-room

5 次の各組の語の中で，最も強く発音する部分の発音がほかと異なるものをそれぞれ1つずつ選び，記号を○で囲みなさい。(6点×2)

(1) [ア become　イ program　ウ homework　エ notebook]

(2) [ア evening　イ seventeen　ウ sightseeing　エ easily]

会 話 表 現 ①

1 次の（ ）にあてはまる応答文を下から選び，記号で答えなさい。ただし，同じ記号は一度しか使えない。(6点×4)

(1) A : Can I use your computer ?　　(2) A : May I speak to John ?
　　B : （　　　）　　　　　　　　　　　　　B : （　　　）

(3) A : May I help you ?　　　　　　　(4) A : How about another cup of tea ?
　　B : （　　　）　　　　　　　　　　　　　B : （　　　）　I had enough.

ア No, thank you.	イ Yes, please.	ウ Sure.	
エ Speaking.	オ Yes, let's.	カ Sorry, I can't.	

2 次の英文の意味を下から選び，記号を書きなさい。(6点×6)

(1) Of course. 　[　　　]　　(2) I'll take it. 　[　　　]
(3) Here it is. 　[　　　]　　(4) Excuse me. 　[　　　]
(5) That's right. 　[　　　]　　(6) Good job. 　[　　　]

ア 失礼ですが。	イ もちろん。
ウ そのとおり。	エ はい，どうぞ。
オ よくできました。	カ わかりました。
キ またね。	ク ありがとう。
ケ それをください。	コ どういたしまして。

3 次の日本文に合うように， .... に適切な語を書きなさい。(10点×4)

(1) お気の毒ですね。　　　　　That's too ....
(2) 心配しないで。　　　　　　Don't ....
(3) そのままお待ちください。　......................... on.
(4) ええと，　　　　　　　　　Let's .... ,

58 会話表現 ②

1 次の日本文に合うように，（　）内から適切な語を○で囲みなさい。

(10点 × 5)

(1) コーヒーはいかがですか。

(Can,　Would,　May) you like some coffee ?

(2) 駅で会いましょうか。

(Shall,　Let's,　Must) we meet at the station ?

(3) 宿題を手伝ってもらえませんか。

(Can,　May,　Shall) you help me with my homework ?

(4) ここにすわってもいいですか。　(Shall,　May,　Will) I sit here ?

(5) 明日，買い物に行きませんか。

(Let's,　How,　Why) about going shopping tomorrow ?

2 次の（　）にあてはまる応答文を下から選び，記号を書きなさい。ただし，同じ記号は一度しか使えない。(10点 × 3)

(1) *A* : Oh, I forgot my pencil case.　Can I use your pencil ?

B : [　　　　]

(2) *A* : Shall we see a movie tomorrow ?

B : [　　　　]

(3) *A* : I'm cooking now.　Can you help me ?

B : [　　　　]

> ア　Sorry, I can't.　I'm busy now.　　イ　Of course.　　ウ　Yes, let's.

3 次の英文を日本語にしなさい。(10点 × 2)

(1) Could you take our picture ?

私たちの写真を [　　　　　　　　]。

(2) Why don't you play baseball with us ?

私たちといっしょに [　　　　　　　　]。

会 話 表 現 ③

1 次の英文の意味を右から選び，記号を書きなさい。(4点×5)

(1) How about you?　[　]

(2) I agree.　[　]

(3) I don't think so.　[　]

(4) I'd like to do it.　[　]

(5) That's true.　[　]

ア	やってみたいです。
イ	賛成です。
ウ	そのとおりです。
エ	どうですか。
オ	そう思いません。

2 次の日本文に合うように， .... に適切な語を書きなさい。(10点×6)

(1) あなたはそれについてどう思いますか。

.... do you .... about it ?

(2) 私は宿題を終えなかったので，彼の家へ行きませんでした。

.... I didn't finish my homework, I didn't go to his house.

(3) 私はあなたの夢がかなうことを願っています。

I .... your dream will come true.

(4) ケンはお腹が痛かったので，昼食が食べられませんでした。
　　　腹痛

Ken had a stomachache, ... he couldn't eat lunch.

(5) あなたは夜更かしするべきではありません。

You .... not stay up late at night.

(6) 私はあなたといっしょにそこへ行きたいです。

I .... to go there with you.

3 次の英文を日本語にしなさい。(10点×2)

(1) I don't agree with your idea.

私は [　　　　　　　　　　　　　　　　] 。

(2) I think we should protect our environment.
　　　　　　　　　　　　　　　　環境

私は [　　　　　　　　　　　　　　　　] 。

60 会 話 表 現 ④

1 次の会話が成り立つように，.........に適切な語を書きなさい。(10点 × 2)

(1)　*A* : Could you tell me _____ to the station ?

　　B : Sure. Go straight down this street and turn left at the third light.
　　　　　　　　　　　　　　　　　　　　　　　　　　　　　　　　信号

(2)　*A* : _____ will it take ?

　　B : It'll take about twenty minutes.

2 次の日本文に合うように，.........に適切な語を書きなさい。(10点 × 5)

(1)　駅へはどうやって行けばいいのですか。

　　_____ I get to the station ?

(2)　60番のバスに乗ってください。

　　Please _____ Bus No. 60.

(3)　それから2つ目の角を右に曲がってください。

　　Then turn _____ at the second _____ .

(4)　アサヒ駅で降りてください。

　　_____ at Asahi Station.

(5)　この地図で私はどこにいますか。

　　_____ I on this map ?

3 次の下線部の語句を日本語にし，日本文を完成しなさい。(10点 × 3)

(1)　Then <u>you'll find the post office on your left</u>.

　　そうすると ［　　　　　　　　　　　　　　　 ］。

(2)　I think <u>it takes about fifteen minutes</u>.

　　［　　　　　　　　　　　　　　　　　　 ］ と思います。

(3)　<u>Change trains</u> to Midori Line.

　　ミドリ線に ［　　　　　　　　　　　　 ］。

-60-

1 次の日本語の意味を表す英語になるように，.....に正しい文字を入れなさい。(6点×6)

(1) 時間 ....ur
(2) 分 m.....n.....t.....
(3) 月 mon..........
(4) 2月 Feb..........ry
(5) 11月 No.....e.....ber
(6) 30番〔目〕の th..........t.....th

2 次の日本文に合うように，..........に適切な英語を書きなさい。(7点×4)

(1) 今日は何月何日ですか。
.... the .... today?
(2) 今日は7月9日です。
Today is ....
(3) 何時ですか。
What .... is .... ?
(4) 現在日本は11時です。
.... eleven .... in Japan now.

3 次の日本文に合うように，( )内の語を並べかえなさい。(12点×3)

(1) 私は午前8時に起きました。
(at, got, eight, in, up, I, morning, the).
....
(2) あなたの誕生日はいつですか。
(birthday, is, when, your)?
.... ?
(3) 彼女は午後3時に出発する予定です。
(will, afternoon, in, she, leave, the, three, at).
....

62 まとめテスト ⑥

合格点 80点
得点　　点
解答 ➡ P.80

1 次の動詞の過去形・過去分詞・〜ing形を順に書きなさい。(4点×4)
(1) eat ……………………………………
(2) know ……………………………………
(3) hit ……………………………………
(4) buy ……………………………………

2 次の英語を日本語にしなさい。(5点×6)
(1) face [　　　　] (2) kitchen [　　　　]
(3) view [　　　　] (4) sea [　　　　]
(5) sad [　　　　] (6) friendship [　　　　]

3 次の各組の語の中で、最も強く発音する部分の発音がほかと異なるものをそれぞれ1つずつ選び、記号を○で囲みなさい。(6点×2)
(1) [ア favorite　イ only　ウ program　エ notebook]
(2) [ア easily　イ sightseeing　ウ evening　エ nineteen]

4 次の日本文に合うように、……に適切な語を書きなさい。(7点×6)
(1) いらっしゃいませ。(お店で)
…………………… I …………………… you ?
(2) 切らずにお待ちください。(電話で)
……………………………………… , please.
(3) あなたは私の意見に賛成ですか。
Do you ……………………………… my opinion ?
(4) あなたはどうですか。 ……………………………… you ?
(5) 私の誕生日は12月15日です。
My …………………… is …………………… fifteenth.
(6) まっすぐ行って、3つ目の角を左に曲がってください。
Go …………………… and …………………… left at the third …………………… .

合格点 **80** 点
得 点
点
解答 ➡ P.80

1 次の英語を日本語にしなさい。(4点×6)

(1) check [   ]   (2) together [   ]

(3) language [   ]   (4) tired [   ]

(5) choose [   ]   (6) headache [   ]

2 次の日本語を英語にしなさい。(4点×6)

(1) 1人で ....   (2) 伝統的な ....

(3) (〜を)借りる ....   (4) (〜に)同意する ....

(5) 隣人, 近所の人 ....   (6) (〜を)練習する ....

3 次の各組の語の下線部の発音が同じものを2つ選び, 記号を〇で囲みなさい。(6点×2)

ア [h**ear**t, h**ear**d]   イ [h**o**me, b**oa**t]   ウ [c**u**t, c**a**p]

エ [h**a**ppen, **a**pple]   オ [thr**ow**, sl**ow**]   カ [w**or**k, w**a**lk]

4 次の日本文に合うように, (   )内の語に2語を加えて並べかえなさい。(10点×3)

(1) ここでは大きい声で話してはいけません。(in, talk, voice, a, here).

....

(2) あなたは数学に興味がありますか。(are, math, you)?

.... ?

(3) 私はあなたから便りがあるといいなと思います。(from, I, you, hope).

....

5 次の日本文を英語にしなさい。(10点)

夕食を食べる前に彼は宿題を終えました。

....

64 仕上げテスト ②

1 次の英語を日本語にしなさい。(4点 × 6)

(1) hold [　　　　　] (2) huge [　　　　　]

(3) especially [　　　　　] (4) language [　　　　　]

(5) delicious [　　　　　] (6) custom [　　　　　]

2 次の日本語を英語にしなさい。(4点 × 6)

(1) 経験 .... (2) 意見 ....

(3) (時間を)費やす .... (4) 休日 ....

(5) (〜を)信じる .... (6) 計画 ....

3 次の語のうち，第1音節を最も強く発音する語を2つ選び，記号を○で囲みなさい。(6点 × 2)

ア to-mor-row　イ in-for-ma-tion　ウ fa-vor-ite　エ i-de-a

オ his-to-ry　カ re-mem-ber　キ mu-si-cian　ク im-por-tant

4 次の日本文に合うように，(　)内の語に2語を加えて並べかえなさい。(10点 × 3)

(1) あなたは明日早く起きなければなりません。
(tomorrow, you, get, early).

....

(2) カナダでは何語が話されていますか。(is, Canada, what, in)?

.... ?

(3) 私は父と同じくらいの背の高さです。(as, am, I, my, father).

....

5 次の日本文を英語にしなさい。(10点)
これらの本は彼のおじいさんによって書かれました。

....

1 名 詞 ①

1 (1) カ (2) キ (3) エ (4) ク
(5) ア

2 (1) ク (2) オ (3) ア (4) ウ
(5) カ

3 (1) paper (2) store〔shop〕
(3) table (4) garden
(5) lion (6) uniform

4 (1) newspaper (2) doctor
(3) history

解説

1 (5) mountainは「山」。「富士山」のような個々の山の名前は，略してMt. Fujiと表す。

2 (1)「計画」はplan (4)「部分」はpart

2 動 詞 ①

1 (1) オ (2) ウ (3) ア (4) エ

2 (1) taste (2) call (3) spread
(4) laugh (5) hear (6) hit

3 (1) 乗ります，連れて行きます
(2) 着きました，なりました

4 (1) arrived (2) tell

解説

3 (1) 〈take + 人 + to 〜〉で「(人)を〜へ連れていく」の意味。

4 (1) いずれも「着く」の意味を持つ動詞。それぞれarrive at〔in〕〜，get to 〜，reach 〜の形で使われることに注意。
(2) いずれも「話す，言う」の意味を持つ動詞。「(人)に(もの・こと)を話す〔言う〕」は〈tell + 人 + もの〉で表す。

3 形容詞 ①

1 (1) オ (2) イ (3) ク (4) ア
(5) キ

2 (1) favorite (2) expensive
(3) useful (4) tired (5) sleepy
(6) sick

3 (1) different (2) thirsty (3) loud

4 (1) わくわくする (2) 危険な
(3) 不思議な〔見たことのない〕

解説

3 (1) difficultは「難しい」，(2) hungryは「お腹がすいた」，(3) cloudyは「曇りの」の意味を表す。

4 副 詞 ①

1 (1) always (2) later (3) maybe
(4) just (5) easily

2 (1) alone (2) almost
(3) sometimes (4) Even
(5) quietly

3 (1) 突然 (2) 外国で (3) ついに
(4) いつまでも

解説

3 (2) study abroad「外国で勉強する」＝「留学する」。

5 名 詞 ②

1 (1) energy (2) beach (3) flight
(4) health (5) treasure

2 (1) 村 (2) 競走，競争
(3) ベルト〔帯〕 (4) 大学

(5) あらゆるもの　(6) 庭
3 (1) 博物館〔美術館〕　(2) 頭痛
(3) 科学者
4 (1) family　(2) bookstore
(3) weekends　(4) library
(5) travel

解説

4「私の<u>家族</u>は読書が大好きです。私の家
には本がたくさんあります。家の近くに
は大きな<u>書店</u>があります。私たちはよく
<u>週末</u>にそこへ行き，本を買います。また
本を借りるために<u>図書館</u>にも行きます。
父は<u>旅行</u>本が好きで，母は料理の本が好
きです。姉は恋愛小説が好きで，私は歴
史ものが好きです。」

6　動　詞　②

1 (1) lose　(2) leave　(3) appear
(4) give　(5) go
2 (1) check　(2) invite　(3) climb
(4) rescue
3 (1) なりました　(2) 分け合う
(3) 決めました
4 (1) got　(2) took　(3) do
(4) answered　(5) enjoyed

解説

4「今日はとても暑かったです。私は6時
に帰宅し，風呂に入りました。そのあと
宿題をやり始めました。問題はとても難
しかったけれど，すべて答えました。勉
強後はテレビゲームをやりました。私は
それをとても楽しみました。」
　過去のことを表す内容なので，動詞は
過去形にする。　(1) get home「帰宅す
る」，(2) take a bath「風呂に入る」の
意味。

7　代名詞　①

1 (1) them　(2) ours　(3) they
(4) their　(5) theirs　(6) us
(7) yours　(8) its　(9) mine
2 (1) They　(2) us
3 (1) his　(2) them　(3) we
4 (1) Is it an old building ?
(2) Do they play the violin well ?
(3) These bags are mine.
(4) We watch TV.

解説

4 (1) 単数形にすると，an old building
となり，be動詞もかえることに注意。
(3) 複数形にするとThese bagsになるこ
とに注意。

8　前置詞　①

1 (1) at　(2) by　(3) for　(4) from
(5) about　(6) in　(7) of
2 (1) across　(2) as　(3) into
(4) between　(5) for
3 (1) to　(2) with　(3) during

解説

1 (1) 時刻はatで表す。　(2) 交通手段を
表す場合はbyを使う。　(3)「朝食に」
for breakfast　(4)「～出身の」from ～
(5)「～するのはどうですか。」How
about ～ing ?　(6)「～月に」〈in＋月名〉
(7)「～の一員」a member of ～

9　熟　語　①

1 (1) 起きますか　(2) はじめて
(3) たとえば
2 (1) What's　(2) welcome
(3) about　(4) Why

❸ (1) take　(2) look　(3) to　(4) off
❹ (1) at　(2) after　(3) of　(4) lot

(解説)

❶ (3) for exampleで「たとえば」の意味。

❷ (1) A「どうしたのですか。」B「頭痛がします。」　(2) A「どうもありがとう，ヒカリ。」B「どういたしまして。」　(3) A「私は音楽を聞くのが好きです。あなたはどうですか。」B「私もです。」　(4) A「今度の日曜日テニスをしませんか。」B「ごめんなさい，その日は忙しいのです。」

10	まとめテスト ①

❶ (1) museum　(2) sick
　　(3) language
　　(4) thirsty　(5) world
　　(6) sometimes
❷ (1) でさえ　(2) 現れました
　　(3) 同意します〔賛成です〕
　　(4) まっすぐに　(5) はじめて
❸ (1) got　(2) abroad
　　(3) yours
❹ (1) as　(2) expensive　(3) that

(解説)

❸ (1)「彼女は昨夜ミドリ駅に着きました。」
　(2)「私は来週外国へ行くつもりです。」
　to a foreign country＝abroad「外国〔海外〕へ」　(3)「これらはあなた（たち）の本ですか。」＝「これらの本はあなた（たち）のものですか。」

11	名　詞 ③

❶ (1) ケ　(2) オ　(3) エ　(4) カ
　　(5) ア
❷ (1) concert　(2) paper　(3) north

　　(4) textbook　(5) rule
　　(6) stadium
❸ (1) 建物〔ビル〕　(2) 病院
❹ (1) nurse　(2) culture　(3) shoes

(解説)

❷ (1) concertの下線部のつづりに注意。
　　(2) paperの下線部は〔ei〕と発音する。
　　(3) northの下線部のつづりに注意。
　　(6) stadiumの下線部は〔ei〕と発音する。
❹ (1) nurseの下線部のつづりに注意。
　　(3)「くつ１足」はa pair of shoesで表す。

12	代名詞 ②

❶ (1) them　(2) each　(3) These
❷ (1) I want to eat something hot.
　　(2) Do you have a bigger one ?
　　(3) Does anyone have any questions ?
❸ (1) some　(2) the others
　　(3) another　(4) one

(解説)

❷ (1)「何か温かいもの」はsomething hotで表す。形容詞hotの位置に注意。
❸ A：青森にいる私のおじが私にりんごを15個送ってくれました。でも私の家族は少ないのですべては食べ切れません。私は６つ取ります。<u>いくつか</u>いかがですか。
　B：ありがとう。３ついただきます。
　C：私は５人家族です。<u>残り</u>をいただいてもよろしいですか。
　A：もちろん。
　B：待って，私は<u>もう１つ</u>いただきます。今<u>１つ</u>食べたいのです。
　「残り（すべて）」はthe othersで表す。

—67—

13 動詞 ③

❶ (1) キ (2) ウ (3) エ (4) イ

❷ (1) miss (2) move (3) arrive
(4) bury (5) choose (6) borrow

❸ (1) 間に合う，捕まえます
(2) 置き忘れました，発ちました

❹ (1) Who carried the heavy bag ?
(2) I bought an English dictionary

❸ (1) catchには「捕まえる」のほかに，「(乗り物に)間に合う」などの意味がある。
(2) leftはleaveの過去形。leaveには「去る，出発する」のほかに，「(ものを)置き忘れる」の意味がある。

❹ (1) carryは規則動詞。過去形は語尾のyをiにかえてedをつける。 (2) buyは不規則動詞。過去形はbought

14 助動詞 ①

❶ (1) must (2) May
(3) going (4) can

❷ (1) いません，必要がありません
(2) ことができますか，くれますか
(3) 行くところです，つもりです

❸ (1) can (2) must (3) may
(4) have (5) Will

❷ (1) have〔has〕to ～の否定形は「～しなくてもよい」の意味。must not「～してはいけない」と区別して覚えよう。

15 形容詞 ②

❶ (1) full (2) afraid (3) cool
(4) large (5) enough

❷ (1) 同じ (2) 退屈 (3) 疲れている
(4) もう1杯 (5) 数冊の〔2，3冊の〕

❸ (1) snowy (2) many (3) foreign
(4) fast (5) Japanese

❸ 「ある雪の日，姉〔妹〕と私は駅の近くのスーパーマーケットへ行きました。そこにはあまりたくさん人がいませんでした。そのとき，1人の外国人の女性が私たちに英語で話しかけてきました。彼女の英語はとても速かったので，私たちはとても注意深く彼女の話を聞きました。彼女は日本食を料理するために酒を探していました。」
(1)「雪の(降る)」はsnowyで表す。snowは名詞で「雪」。 (2) 後ろのpeopleは数えられる名詞の複数形なのでmanyを使う。 (3) abroadは副詞で「外国に」の意味を表す。(4)「(速度が)速い」はfast，「(時刻が)早い」はearlyで表す。
(5) Japanは名詞で「日本」の意味を表す。

16 副詞 ②

❶ (1) really (2) sometimes
(3) carefully (4) later
(5) quickly

❷ (1) tonight (2) then (3) either
(4) tomorrow (5) often

❸ (1) ジムとメアリーの両方が
(2) 静かに (3) でさえ

❶ 語群内のanywhereは「どこででも」，finallyは「ついに」，quietlyは「静かに」の意味を表す。

❷ (3) 否定文で「～も」と言う場合は，tooではなく，eitherを使う。

17 熟 語 ②

❶ (1) up (2) wait (3) for (4) around
❷ (1) for (2) to (3) by (4) at
　(5) in
❸ (1) 楽しみ (2) よろしく伝えて
　(3) あさって (4) たくさんの
　(5) 実現する

解説

❶ (2) wait for ～「～を待つ」 (3) look for
～「～を探す」

18 名 詞 ④

❶ (1) answer (2) ground
　(3) health (4) volleyball
　(5) coffee (6) smile
❷ (1) 歴史 (2) おばさん (3) 髪(の毛)
　(4) おじいさん
❸ (1) left (2) pictures
❹ (1) subject (2) homework

解説

❸ (2)「私の父は写真を撮るのが好きです。」
「壁にかかっている絵〔写真〕は美しいで
す。」take a picture〔pictures〕で「写真
を撮る」の意味を表す。

19 形容詞 ③

❶ (1) nine, ninth
　(2) thirteen, thirteenth
　(3) twenty, twentieth
　(4) sixty-two, sixty-second
❷ (1) twenty-four (2) fifth
　(3) thirty
❸ (1) ほとんどいませんでした, 数冊の
　〔2, 3冊の〕

(2) ほとんど入っていません, 少し
❹ (1) many (2) no (3) much
　(4) some

解説

❶ (1)「9番目(の)」を表すninthのつづり
に注意。
❸ (1) fewは数えられる名詞の前に置いて,
「ほとんど～ない」の意味を表す。a few
は「2, 3の」の意味を表す。 (2) little
は数えられない名詞の前に置いて,「ほ
とんど～ない」の意味を表す。a littleは
「少しの」の意味を表す。

20 動 詞 ④

❶ (1) キ (2) イ (3) オ (4) ア
❷ (1) rest (2) die (3) shout
　(4) return (5) save (6) begin
❸ (1) brought (2) left (3) sang
　(4) read (5) wrote
❹ (1) send (2) spend

解説

❸ (1)「私の母は昨夜, 私にコーヒーを1
杯持ってきてくれました。」bring－
brought (2)「ニックは2日前に, オース
トラリアへ向けて出発しました。」leave
－left (3)「私は先週, その歌を歌いま
した。」sing－sang (4)「先週ジョージ
はその本を読みました。」read[rí:d]－
read[réd] 発音に注意。 (5)「私は昨
日, 祖母に手紙を書きました。」write－
wrote

21 まとめテスト ②

❶ (1) 健康 (2) 建物〔ビル〕
　(3) (～を)覚えている〔思い出す〕

とができます。私はだれでしょう。」「電
話」

(4) 急いで (5) 驚くべき (6) 突然
(7) 9番目〔の〕 (8) おば
(9) (〜を)運ぶ (10) 地球の
❷ (1) history (2) customer〔guest〕
(3) grandfather (4) rule
(5) earthquake (6) concert
❸ (1) few (2) care, of
(3) don't, have, to
(4) Both, and (5) left, for
(6) in, the

(解説)

❸ (1)「ほとんど〜ない」を数えられる名詞
の前に置く場合, fewを使う。 (3)「〜し
なくていい」はdon't have toを使う。
(5)「〜へ向かって出発する」はleave for
〜 leaveの過去形はleft

| 22 | 名 詞 ⑤ |

❶ (1) ウ (2) ア (3) キ (4) カ
(5) エ
❷ (1) contest (2) juice (3) rock
(4) pocket (5) soup (6) group
❸ (1) Which do you like better, dogs
or cats ?
(2) What club are you in ?
❹ (1) umbrella (2) computer
(3) whale (4) phone

(解説)

❹ (例)「料理をするとき, あなたは私を身に
つけます。私はだれでしょう。」「エプロン」
(1)「雨が降るとあなたは私を使います。
私はだれでしょう。」「かさ」 (2)「電子
メールを送るとき, あなたは私を使いま
す。私はだれでしょう。」「コンピュータ」
(3)「私は海で最も大きな動物です。私は
だれでしょう。」「くじら」 (4)「あなた
は私を使うと遠く離れている人と話すこ

| 23 | 疑問詞 |

❶ (1) Where, is (2) How, is
(3) When, is
❷ (1) How do you go to school ?
(2) Who sings the best in your
class ?
(3) Whose CD is this ?
❸ (1) Which (2) How, long
(3) How, far (4) How, often

(解説)

❸ (1) A「信濃川と利根川はどちらが長いで
すか。」B「信濃川です。」 (2) A「ニュー
ヨークへはどのくらい時間がかかりまし
たか。」B「13時間かかりました。」所要
時間を答えているので, how longでた
ずねる。 (3) A「ここから駅まではどの
くらいの距離がありますか。」B「約500
メートルあります。」距離を答えている
ので, how farを使う。 (4) A「あなた
は図書館にどのくらい通っていますか。」
B「週4回です。」回数を答えているので,
頻度をたずねるhow oftenを使う。

| 24 | 前置詞 ② |

❶ (1) among (2) between (3) with
(4) during (5) for (6) to
❷ (1) with (2) at (3) for (4) from
❸ (1) 水なしでは
(2) (その)木のうしろに
(3) 猫のよう (4) (その)駅の近く

(解説)

❶ (1)「(3人以上)の間で」と言うときには
amongを使う。 (2) between A and B

-70-

「AとBの間に」 (6) from A to B「Aから
Bまで」

---

25 発音・アクセント ①

❶ イ，エ，カ，ク
❷ ア，キ，ク
❸ (1) ウ (2) ア (3) イ
❹ (1) イ (2) ウ (3) エ
❺ (1) ウ (2) イ

解説

❸ (3) ア，ウ，エの下線部は[θ]，イの下線
部は[ð]の発音になることに注意しよう。

---

26 接続詞 ①

❶ (1) so (2) or (3) but
  (4) and (5) because
❷ (1) When (2) that (3) if
  (4) before (5) after
❸ (1) もし明日晴れたら
  (2) 私がテレビを見ている間
  (3) 私がトムを訪ねたとき

解説

❶ (1)「私は科学者になりたいので，科学を
とても一生懸命勉強します。」 (3)「昨夜，
私は眠かったのですが寝ることができま
せんでした。」

---

27 熟　語 ③

❶ (1) for (2) with (3) off (4) after
  (5) by (6) on
❷ (1) for (2) in (3) up (4) take
❸ (1) for (2) have (3) got〔get〕
  (4) Do (5) come (6) say

解説

❷ (1)「こちらでお召し上がりですか。それ
ともお持ち帰りですか。」「ベンははじめ
て日本に来ました。」 (2)「ケイトは将来，
日本で働きたいと思っています。」「私は
中華料理に興味があります。」 (3)「どう
しましたか。」「私は昨夜，遅くまで起き
ていました。」 (4)「ここから図書館まで
はどのくらいかかりますか。」「だれがこ
の猫の世話をするのですか。」

---

28 名　詞 ⑥

❶ (1) ウ (2) ア (3) ク (4) キ
  (5) エ (6) オ
❷ (1) 神社
  (2) コンビニエンスストア
  (3) 風習〔慣習〕 (4) 休憩 (5) 北(部)
  (6) チャリティー〔慈善活動〕
❸ (1) police (2) host

解説

❷ (4) take a break「休憩をとる」 (5) be in
the north of ～「～の北(部)にある」

---

29 代名詞 ③

❶ (1) his (2) nothing
  (3) anything〔something〕
  (4) other
❷ (1) one (2) Each (3) the other
  (4) it (5) another
❸ (1) him (2) mine (3) Their

解説

❶ (1)「これは彼のDVDですか。」＝「こ
のDVDは彼のものですか。」 (2)「私
は何も食べ物を持っていません。」＝
「私には食べるものがありません。」
nothing to eatで「食べるものが何も

ない」の意味。 **(3)**「あなたはペンか
えんぴつを持っていますか。」=「あな
たは何か書くものを持っていますか。」
(4)「ベンはサラを知っていて，サラも
ベンを知っています。」=「ベンとサラ
は知り合いです。」

---

30 動 詞 ⑤

❶ **(1)** try **(2)** protect **(3)** imagine
　 (4) touch **(5)** follow **(6)** thank
❷ **(1)** 開きました **(2)** 持ってくる
　 (3) 消滅しました〔消えました〕
❸ **(1)** 見せてくれました，
　　 教えて〔案内して〕くれました
　 (2) 滞在する，ままでいては

解説

❸ **(1)** showには「（人に）～を見せる」のほ
かに，「教える，案内する」の意味もある。
(2) stayは「滞在する」のほかに，うしろ
に形容詞を置いて，「～のままでいる」
の意味を表す。

---

31 助動詞 ②

❶ **(1)** couldn't **(2)** Can **(3)** May
　 (4) Could **(5)** should
❷ **(1)** Shall we have lunch in the park ?
　 (2) It may rain this evening.
　 (3) Would you like a cup of coffee ?
　 (4) My brother has to clean his room.
❸ **(1)** can't〔cannot〕 **(2)** going
　 (3) will **(4)** May〔Can〕 **(5)** must

解説

❷ **(1)**「～しましょうか。」Shall we ～ ?
(2)「～かもしれない。」はmayを使って表
す。 **(3)**「～をいかがですか。」Would
you like ～ ? **(4)**「～しなければならな
い。」はmustとhave toの 2 通りで表す

ことができるが，ここではtoがあるので
have toを使う。主語が 3 人称単数なの
でhas toとなる。

---

32 まとめテスト ③

❶ **(1)**（～を）推測する **(2)** 例
　 (3) 経験(する) **(4)**（～を）試す
　 (5) 伝統 **(6)** 風習〔慣習〕
　 (7)（～を）守る **(8)** 宇宙飛行士
　 (9) 科学 **(10)** 人
❷ **(1)** Shall **(2)** hers **(3)** like
　 (4) yourself
❸ **(1)** must **(2)** nothing **(3)** Each
　 (4) after **(5)** front

解説

❷ **(1)**「今度の土曜日に買い物へ行きましょ
う。」Let's ～. はShall we ～ ?で言いか
えることができる。 **(2)**「これは彼女の
カメラですか。」=「このカメラは彼女の
ものですか。」 **(3)**「コーヒーを 1 杯い
かがですか。」相手にものを勧めるとき，
How about ～ ?, Would you like ～ ?
で表すことができる。

---

33 形容詞 ④

❶ **(1)** ①happier ②happiest
　 (2) ①more ②most
　 (3) ①worse ②worst
　 (4) ①less ②least
　 (5) ①better ②best
❷ **(1)** free **(2)** fast **(3)** cold
　 (4) low **(5)** difficult
❸ **(1)** important **(2)** useful
　 (3) wide **(4)** huge
❹ **(1)** exciting **(2)** excited
　 (3) interesting **(4)** interested

❹ (1), (2)と(3), (4)はそれぞれ対で考える。「(もの・ことが)わくわくするような」はexciting,「(もの・ことが)おもしろい」はinterestingで表す。一方,「(人が)興奮させられる」はexcited,「(人が)興味を起こさせられる」はinterestedで表す。

34 動 詞 ⑥

❶ (1) brought, brought, bringing
(2) wrote, written, writing
(3) taught, taught, teaching
(4) gave, given, giving
(5) spoke, spoken, speaking
(6) sang, sung, singing
❷ (1) cooking (2) met (3) saying
(4) shopping (5) be (6) take
(7) wears (8) playing
❸ (1) Who found the little dog?
(2) Speaking Chinese is not easy.
(3) This book is read by young people.

解説

❷ (1)「父親が帰宅したとき, 彼女は料理をしていました。」 (2)「私は1週間前に博物館の近くで彼に会いました。」 (3)「彼女は一言も言わずにその部屋を出て行きました。」 (4)「マイはよく私とスーパーマーケットに買い物に行きます。」 (5)「私は将来医者になりたいです。」 (6)「私の祖父母は公園を散歩するのが好きです。」(7)「私はその女性をよく見ます。彼女はいつも青い帽子をかぶっています。」(8)「私のおばはバイオリンを弾くのがとても上手です。」
❸ (1) 疑問詞が主語の疑問文。 (2)「話すこと」は動名詞で表す。 (3)「読まれている」なので受け身形で表す。

35 副 詞 ③

❶ (1) early (2) fast (3) alone
(4) quietly
❷ (1) 一度〔かつては〕 (2) 再び
(3) 今夜 (4) 永遠に (5) たぶん
(6) 今でも〔まだ〕
(7) きっと〔確かに〕
(8) しかしながら〔どんなに～でも〕
❸ (1) Is your school far away from here?
(2) I often go fishing in the river with my father.
(3) Do you also want to play soccer?
(4) We stayed home all day.
(5) Japanese is much more difficult than English.

解説

❸ (1)「(～から)遠い」はfar awayで表す。(2)「しばしば」はoftenで, ふつう一般動詞の前に置く。 (3)「～も」はalsoで, 一般動詞の前に置く。Do you want to play soccer, too?でもよい。 (4)「家にいる」はstay homeで表す。 (5) 比較級を強調して「ずっと」と言う場合, muchを使う。

36 熟 語 ④

❶ (1) after, tomorrow
(2) wait, for (3) at, home
(4) afraid, of (5) had, time
❷ (1) from (2) in
❸ (1) 通学途中で (2) 同じです
(3) に知られています
(4) のために〔が原因で〕

解説

❶ (4) be afraid of ～「～をこわがる」

(5) have a good time「楽しく過ごす」

37 名　詞 ⑦

❶ (1) カ　(2) オ　(3) ウ　(4) ア
(5) エ
❷ (1) life　(2) human　(3) leg
(4) island　(5) market　(6) job
❸ (1) 屋根　(2) 意見
❹ (1) phone　(2) street
(3) science

（解説）

❷ (1) lifeには「生命」の意味もある。
(4) islandの下線部のつづりに注意。−s−
は発音されない。〔áilənd〕

38 形容詞 ⑤

❶ (1) difficult〔hard〕　(2) right
(3) fast〔quick〕　(4) early
(5) busy　(6) old
❷ (1) watches, are
(2) has〔drives〕, a, car
(3) good, at　(4) taller, boy
(5) older, than
❸ (1) Don't be afraid〔scared〕of the
big dog.
(2) She looked sad to hear the news.
(3) He was angry with you yesterday.
(4) I'm sure he is a teacher.

（解説）

❶ (1) easy「簡単な」― difficult〔hard〕「難
しい」　(2) wrong「まちがった」― right
「正しい」　(3) slow「(速さが)遅い」―
fast〔quick〕「速い」(4) late「(時間が)遅
い」― early「早い」　(5) free「ひまな」
― busy「忙しい」　(6) new「新しい」―
old「古い」

39 動　詞 ⑦

❶ (1) cleaning　(2) writing
(3) went　(4) bought　(5) found
❷ (1) knew　(2) rises
(3) Drawing　(4) forgot　(5) sells
❸ (1) The song made us very happy.
(2) Who is going to study abroad ?
(3) This car is made in America.

（解説）

❶ (1)「部屋の掃除は終わりましたか。」
finishは目的語に動名詞をとる。　(2)「便
りをありがとう。」前置詞のあとの動詞
は動名詞の形。　(3)「昨夜，だれがそこ
へ行きましたか。」goの過去形はwent
(4)「私はこの前の日曜日にこのTシャツ
を買いました。」buyの過去形はbought
(5)「人々はその話が本当だということが
わかりました。」findを過去形のfoundに
する。

40 前置詞 ③

❶ (1) at　(2) from　(3) for　(4) in
❷ (1) during　(2) between　(3) of
(4) by　(5) in
❸ (1) 若者の間で　(2) 一週間

（解説）

❶ (1) at the end of ～「～の終わりに」,〈at
＋時刻〉　(2) come from ～「～出身の」,
from ～ to ...「～から…まで」　(3)〈for
＋期間〉「～の間」, for ～「～のために」
(4)〈in ＋言語名〉「(言語)で」,〈in ＋季節〉
「(季節)に」

41 接続詞 ②

❶ (1) when　(2) that　(3) because
(4) if　(5) but　(6) after

❷ (1) so　(2) because　(3) after
　　(4) or　(5) if
❸ (1) 私の母が戻ってくるまで
　　(2) 私が読書をしている間

(解説)

❶ (3)「私は今日，洋服を何着か買ったのでうれしいです。」　(4)「もし明日ひまなら買い物に行きませんか。」
❸ (1) untilは「〜まで(ずっと)」という意味。by「〜までに」と区別して覚えよう。
　　(2) while「〜している間に」のあとには〈主語＋動詞〉が続く。

42　発音・アクセント ②

❶ エ，ク，ケ
❷ (1) エ　(2) エ　(3) イ
❸ (1) ア　(2) ウ　(3) ア
❹ エ，キ，コ
❺ (1) イ　(2) イ

(解説)

❺ (1) childの下線部は[ai]だが，children の下線部は[i]の発音になることに注意しよう。

43　まとめテスト ④

❶ (1) market　(2) problem
　　(3) tonight　(4) late
❷ (1) worse　(2) exciting　(3) built
　　(4) together　(5) wrong
　　(6) bought〔got〕　(7) expensive
　　(8) Hold
❸ (1) ほかのどの生徒より背が高い
　　(2) 起きていました
　　(3) 暗くなるまで
　　(4) なぜあなたはそんなに怒ってい

るのですか〔何があなたをそれほど怒らせているのですか〕

(解説)

❷ (1)「具合が悪い」はfeel bad「昨日より」とあるのでbadを比較級のworseで表す。
　　(3)「建てられた」は受け身の形〈be＋過去分詞〉で表す。buildの過去分詞はbuilt
　　(8) hold onは「電話を切らないでおく」という意味。
❸ (3) ここでのgotは「(状態が)〜になる」の意味を表すgetの過去形。　(4)〈make A B〉「AをBにする」

44　名　詞 ⑧

❶ (1) エ　(2) ウ　(3) オ　(4) イ
　　(5) ク
❷ (1) gym　(2) grade　(3) future
　　(4) face　(5) problem　(6) energy
❸ (1) farmer　(2) scientist
　　(3) actor　(4) singer
❹ (1) clock　(2) passport(s)
　　(3) plane　(4) money

(解説)

❹ (1)「時計は時間を教えてくれます。」
　　(2)「外国に行くときには，パスポートを持っていかなければいけません。」
　　(3)「飛行機に乗ることで，たくさんの人々がある場所から別の場所へ飛ぶことができます。」　(4)「ものを買うとき，私たちは相手にお金を払わなければなりません。」

45　動　詞 ⑧

❶ (1) Driving　(2) kept　(3) felt
　　(4) standing　(5) swimming
　　(6) makes〔made〕　(7) rises

    (8) made
② (1) I understand that you don't want to leave here.
    (2) You can catch the train if you hurry up.
    (3) She arrived at Tokyo Station in the afternoon.
③ (1) teaches (2) taken

(解説)

③ (1)「だれがあなた(たち)の数学の先生ですか。」「だれがあなた(たち)に数学を教えていますか。」 (2)「だれがこの写真を撮りましたか。」「この写真はだれによって撮られましたか。」takeの過去分詞はtaken

---

46　助動詞 ③

❶ (1) Would (2) May〔Can〕
    (3) should
    (4) Will〔Can, Would, Could〕
    (5) Shall (6) must (7) may
    (8) couldn't (9) May〔Can〕
    (10) may〔can〕
❷ (1) have, to
    (2) Will〔Can, Would, Could〕, you
    (3) Be (4) Shall, we

(解説)

❶ (7)(10) mayは「～かもしれない」と「～してもよい」の2つの意味がある。

47　形容詞 ⑥

❶ (1) 異なる意見
    (2) 数枚の〔さまざまな〕Tシャツ
    (3) 簡単な英語
    (4) 明るい〔輝く〕未来

② (1) crowded (2) cheap
    (3) important (4) proud
    (5) kind (6) early
③ (1) quiet, loud (2) good, bad
    (3) busy, free

(解説)

② (2)「安い」cheapの反意語はexpensive「高価な」。 (4) be proud of ～は「～を誇りに思う」という意味。
③ (1)「授業中は静かにしなさい。」「図書館では大声で話してはいけません。」quiet — loud (2)「毎日歩くことはあなたの健康によいです。」「悪い知らせを聞きました。」good — bad (3)「私の父は先週忙しかったです。」「もし明日ひまなら, 買い物に行きませんか。」busy — free

---

48　副　詞 ④

❶ (1) alone (2) usually (3) quietly
    (4) especially (5) Actually
❷ (1) suddenly (2) easily
    (3) Finally (4) almost
    (5) quickly
③ (1) carefully (2) best

(解説)

③ (1)「私の父はとても注意深い運転手です。」=「私の父はとても注意深く運転します。」 (2)「彼は私のクラスでいちばん上手なピアニストです。」=「彼は私のクラスでいちばん上手にピアノを弾きます。」形容詞good「よい」, 副詞well「よく, 上手に」はいずれもbetter - bestと変化する。

49 熟 語 ⑤

❶ (1) to　(2) at　(3) in　(4) after
　(5) of
❷ (1) for　(2) got　(3) other　(4) by
❸ (1) 実現しました〔かないました〕
　(2) 世界中で

解説

❷ (3)「私は先日，トムといっしょに買い物
に行きました。」「私たちはお互いに助
け合うべきです」　(4)「あなたは１人で
オーストラリアへ行ったのですか。」「私
はバスで学校に行きます。」

50 名 詞 ⑨

❶ (1) feet　(2) potatoes　(3) tooth
　(4) life　(5) roofs　(6) church
　(7) Japanese　(8) libraries
　(9) story　(10) boxes
❷ (1) wife　(2) man
　(3) grandfather　(4) west
　(5) north　(6) winter　(7) answer
　(8) peace
❸ (1) player　(2) visitors
❹ (1) plant　(2) night　(3) cousin

解説

❷ (1) husband「夫」— wife「妻」
　(2) woman「女性」— man「男性」
　(3) grandmother「祖母」— grandfather
「祖父」　(4) east「東」— west「西」
　(5) south「南」— north「北」　(6) summer
「夏」— winter「冬」　(7) question「質問」
— answer「答え」　(8) war「戦争」—
peace「平和」

51 動 詞 ⑨

❶ (1) became　(2) was　(3) built
　(4) crying　(5) met　(6) had
❷ (1) ask　(2) ate〔had〕　(3) forget
　(4) kept　(5) mean
❸ (1) 現れるでしょうか
　(2) 招待しました
　(3) 経過します〔過ぎます〕

解説

❷ (1) ask A for Bで「AにBを求める」
　(3)「忘れずに～する」はremember to
～でも表すことができる。　(4) keep
～ingは「～し続ける」という意味。
　(5) meanは「意味する」という意味。
what do you mean by ～で「～はどうい
う意味ですか」を表す決まり表現。

52 まとめテスト ⑤

❶ (1) 計画　(2) 突然(に)　(3) 夫
　(4) 制服　(5) 温度〔気温〕
　(6) 混雑した　(7) 伝統的な
　(8) 注意深く
❷ (1) scientist　(2) loud　(3) gym
　(4) peace　(5) customer〔guest〕
　(6) body　(7) important
　(8) aunt　(9) draw〔paint〕
❸ (1) knew, new　(2) Our, hour
　(3) red, read
❹ (1) wrong　(2) Hold
　(3) Shall, we　(4) up　(5) hello

解説

❸ (1)「私は彼が新しい車を買ったことを
知っていました。」　(2)「私たちの先生は
１時間前に私の家に来ました。」　(3)「赤
い帽子をかぶった少年が小さな子どもた
ちに本を読みました。」

53 名 詞 ⑩

① (1) face (2) store (3) event
(4) health (5) part
(6) friendship

② (1) 庭 (2) 旅行 (3) 景色〔眺め〕
(4) 星 (5) 地球温暖化

③ (1) 話 (2) 故郷 (3) 文化
(4) 合唱〔コーラス〕

④ (1) musician (2) passport

解説

① (1) fa<u>ce</u>, (4) <u>health</u>, (6) fri<u>end</u>shipの下
線部のつづりに注意する。

54 動 詞 ⑩

① (1) bought, bought, buying
(2) ate, eaten, eating
(3) hit, hit, hitting
(4) left, left, leaving
(5) gave, given, giving
(6) held, held, holding

② (1) finish (2) written (3) read
(4) playing (5) go (6) arrived
(7) be (8) sung

③ (1) I finished cleaning my room.
(2) This church was built 100
years ago.
(3) English is spoken in Canada.

解説

② (1) have toのあとは動詞の原形。 (2) 直
前にwasがあり，直後にbyがあるので
受け身の文にする。write-wrote-written
と変化する。 (3) readは不規則動詞で,
read-read[réd]-read[réd] と変化する。
つづりは変わらないが，発音が変わるの
で注意する。 (8)「この歌はたくさん
の人々に歌われています。」sing-sang-
sungと変化する。

55 形容詞 ⑦

① (1) difficult (2) sad (3) personal
(4) wide (5) pretty (6) whole

② (1) ①better ②best
(2) ①more ②most
(3) ①hotter ②hottest
(4) ①busier ②busiest

③ (1) おもしろい〔興味深い〕です
(2) 高価な (3) 有名

④ (1) few (2) different
(3) important

解説

① (1) diffi<u>c</u>ult, (5) pr<u>e</u>tty, (6) wh<u>ole</u>の下
線部のつづりに注意する。

② (1) (2) 不規則に変化する形容詞。 (3) 比
較級，最上級を作るときはtを重ねる。
(4) 比較級，最上級を作るときはyをiに
かえて-cr, -estをつける。

56 発音・アクセント ③

① (1) new (2) meet (3) our
(4) eight (5) see (6) hear

② (1) threw, through
(2) won, one

③ ア，エ，カ，ケ

④ ウ，エ，オ

⑤ (1) ア (2) イ

解説

② (1)「彼は窓にボールを投げました。」「彼
女は公園を抜けて駅まで歩きました。」
threw, through[θrúː] (2)「私たちの
チームはその試合に勝ちました。」「こ
の本はあの本よりもおもしろいです。」
won, one[wʌ́n]

④ カタカナ語は英語のアクセントの位置と
異なる場合が多いので注意しよう。

57 会話表現 ①

❶ (1) ウ (2) エ (3) イ (4) ア
❷ (1) イ (2) ケ (3) エ
　　(4) ア (5) ウ (6) オ
❸ (1) bad (2) worry
　　(3) Hold (4) see

(解説)

❶ (1) A「あなたのコンピュータを使っても
　　いいですか。」B「いいですよ。」 (2) 電
　　話での対話。A「ジョンをお願いします。」
　　B「ぼくです。」 (3) A「いらっしゃいま
　　せ〔何かお手伝いしましょうか〕。」B「は
　　い，お願いします。」 (4) A「紅茶をもう
　　1杯いかがですか。」B「いいえ，結構で
　　す。もう十分いただきました。」
❷ (2) I'll take it.「それをください。」は買
　　い物などのときの表現。

58 会話表現 ②

❶ (1) Would (2) Shall (3) Can
　　(4) May (5) How
❷ (1) イ (2) ウ (3) ア
❸ (1) とっていただけますか
　　(2) 野球をしませんか

(解説)

❷ (1) A「ああ，私は筆箱を忘れました。あ
　　なたのえんぴつを使ってもいいですか。」
　　B「もちろん。」 (2) A「明日，映画を見ま
　　せんか。」B「そうしましょう。」 (3) A
　　「今，料理をしています。手伝ってくれ
　　ませんか。」B「すみません。できません。
　　今，忙しいです。」.

59 会話表現 ③

❶ (1) エ (2) イ (3) オ (4) ア

　　(5) ウ
❷ (1) What, think (2) Because
　　(3) hope, that (4) so (5) should
　　(6) want
❸ (1) あなたの考え〔意見〕に賛成しま
　　せん
　　(2) 私たちは環境を守るべきだと思
　　います

(解説)

❶ (4) I'dはI wouldの短縮形。would like
　　to ～で「～したいと思う」の意味。
❸ (1) don't agree with ～「～に賛成しな
　　い」，agree with ～「～に賛成する」

60 会話表現 ④

❶ (1) the, way (2) How, long
❷ (1) How, can (2) take
　　(3) right, corner (4) Get, off
　　(5) Where, am
❸ (1) あなたは左側に郵便局を見つけ
　　るでしょう
　　(2) 約15分かかる
　　(3) 乗り換えてください

(解説)

❶ (1)「駅までの道を教えてくださいません
　　か。」「もちろんです。この通りをまっす
　　ぐ行って，3つ目の信号を左に曲がって
　　ください。」 (2)「どのくらいかかります
　　か。」「約20分かかります。」

61 日付・時

❶ (1) hour (2) minute
　　(3) month (4) February
　　(5) November (6) thirtieth
❷ (1) What's, date (2) July, ninth
　　(3) time, it (4) It's, o'clock

③ (1) I got up at eight in the morning.
(2) When is your birthday?
(3) She will leave at three in the afternoon.

(解説)

❶ (1) <u>hour</u>, (6) thir<u>tieth</u>の下線部のつづりに注意する。

❸ (1) in the morning「午前に〔の, 中〕」
(3) in the afternoon「午後に〔の, 中〕」

62 まとめテスト ⑥

❶ (1) ate, eaten, eating
(2) knew, known, knowing
(3) hit, hit, hitting
(4) bought, bought, buying
❷ (1) 顔 (2) 台所 (3) 景色〔眺め〕
(4) 海 (5) 悲しい (6) 友情
❸ (1) ア (2) イ
❹ (1) May〔Can〕, help
(2) Hold, on (3) agree, with
(4) How, about
(5) birthday, December
(6) straight, turn, corner

(解説)

❸ (1) すべて第1音節にアクセントがある。
(2) ア, イ, ウは第1音節, エは第2音節にアクセントがある。

63 仕上げテスト ①

❶ (1) (〜を)調べる (2) いっしょに
(3) 言語〔ことば〕 (4) 疲れた
(5) (〜を)選ぶ (6) 頭痛
❷ (1) alone (2) traditional
(3) borrow (4) agree
(5) neighbor (6) practice
❸ イ, エ

④ (1) Don't talk in a loud voice here.
(2) Are you interested in math ?
(3) I hope to hear from you.
⑤ He finished (doing) his homework before eating dinner.〔Before eating dinner, he finished (doing) his homework.〕

(解説)

❸ ア heart[ɑːr], heard[əːr] ウ cut[ʌ], cap[æ] オ <u>th</u>row[θ], <u>s</u>low[s] カ wor<u>k</u>[əːr], wal<u>k</u>[ɔː]
❺ 「夕食を食べる前に」はbefore he ate〔had〕dinnerでもよい。

64 仕上げテスト ②

❶ (1) (〜を)開く〔催す〕 (2) 巨大な
(3) 特に (4) ことば〔言語〕
(5) (とても)おいしい
(6) 風習〔慣習〕
❷ (1) experience (2) opinion〔idea〕
(3) spend (4) holiday
(5) believe (6) plan
❸ ウ, オ
❹ (1) You must get up early tomorrow.
(2) What language is spoken in Canada ?
(3) I am as tall as my father.
❺ These books were written by his grandfather.

(解説)

❸ エ idea, キ musicianは第2音節を最も強く発音する。カタカナ語とは異なるので注意。
❹ (1) 語数制限があるので, have toではなくmustを使う。 (2) what languageを主語にした受け身形の疑問文。 (3) 「…と同じくらい〜」はas 〜as ...で表す。